Ernst Probst

Die ersten Bauern in Deutschland

Die Linienbandkeramische Kultur (5500 bis 4900 v. Chr.)

GRIN Verlag

Bibliografische Information der Deutschen Nationalbibliothek:

Die Deutsche Bibliothek verzeichnet diese Publikation in der Deutschen Nationalbibliografie; detaillierte bibliografische Daten sind im Internet über http://dnb.d-nb.de/ abrufbar.

Impressum:

Druck und Bindung: Books on Demand GmbH, Norderstedt Germany
ISBN: 978-3-656-29030-8

Dieses Buch bei GRIN:

http://www.grin.com/de/e-book/202821/die-ersten-bauern-in-deutschland

Tongefäß der Linienbandkeramischen Kultur
vom Fundort Rauschenberg-Bracht
(Kreis Marburg-Biedenkopf) in Hessen,
ausgestellt im Universitätsmuseum
für Kulturgeschichte, Marburg

Ernst Probst

Die ersten Bauern in Deutschland

Die Linienbandkeramische Kultur
(5500 bis 4900 v. Chr.)

Widmung

Dem Römisch-Germanischen
Zentralmuseum Mainz (RGZM)
gewidmet,
in dessen Bibliothek
ich jahrelang
arbeiten durfte

Friedrich Klopfleisch (1831–1898)

Es begann vor 7.500 Jahren

Der Beginn der Jungsteinzeit mit Ackerbau, Viehzucht, Töpferei und Sesshaftigkeit wird in Deutschland durch das Auftreten der Linienbandkeramischen Kultur (etwa 5500 bis 4900 v. Chr.) markiert. Ihre Angehörigen gelten in vielen Teilen Mitteleuropas als die ersten Ackerbauern und Viehzüchter. Die Linienbandkeramische Kultur war von der Ukraine bis Frankreich (Pariser Becken) und von Ungarn – mit Ausnahme der Küste – bis Norddeutschland verbreitet.

Funde dieser Kultur kennt man aus Baden-Württemberg, Bayern, dem Saarland, Rheinland-Pfalz, Hessen, Nordrhein-Westfalen, dem südlichen Niedersachsen, aus Thüringen, Sachsen-Anhalt, Sachsen, Brandenburg und aus dem unteren Odergebiet. Allein in Ostdeutschland befinden sich schätzungsweise etwa 1000 Fundstellen der Linienbandkeramischen Kultur.

Der Begriff Bandkeramik wurde 1884 durch den Kunsthistoriker Friedrich Klopfleisch (1831–1898) aus Jena eingeführt. Von Linearkeramik sprach 1902 als erster der Stadtarzt und Urgeschichtsforscher Alfred Schliz (1849–1915) aus Heilbronn. Der daraus abgeleitete Name Linienbandkeramische Kultur basiert auf der bänderartigen Verzierung der Tongefäße dieser Kultur.

Ihre Herkunft ist umstritten. Der australisch-britische Prähistoriker Vere Gordon Childe (1892–1957 vertrat 1929 die Hypothese einer ausschließlich südöstlichen Herkunft. Dabei berief er sich auf die Einflüsse des

Alfred Schliz (1849–1915)

Balkans im Kult und in verschiedenen Bereichen der materiellen Kultur. Childe und andere Wissenschaftler gingen davon aus, dass die explosionsartige Zunahme der Bevölkerung die frühen Bauern gezwungen habe, neues Acker- und Weideland zu erschließen und zu diesem Zweck begrenzte Wanderungen zu unternehmen. Die einheimische jägerische Bervölkerung habe dann jeweils nach einer gewissen Zeit die neuen Errungenschaften übernommen.
Dagegen ließ der Wiener Prähistoriker Richard Pittioni (1906–1985) die ersten Bauern der Linienbandkeramischen Kultur aus einheimischen Jägern der späten Mittelsteinzeit hervorgehen und führte 1954 das Aufkommen von Ackerbau uund Viehzucht in Mitteleuropa auf das günstige Klima der Nacheiszeit zurück. Eine Einwanderung aus dem Südosten Europas habe es nicht gegeben.
Ähnlich argumentierte der Berliner Prähistoriker Hans Quitta. Er nimmt an, eine noch unbekannte jägerische Bevölkerungsgruppe Mitteleuropas habe nach dem Kontakt mit früheren Bauern aus Südosteuropa Ackerbau und Viehzucht von ihnen übernommen. Ich selbst schließe mich der alten Auffassung von einer Einwanderung der ersten Bauern aus Südosteuropa an. Die Hausbauweise, der Keramikstil, der Schmuck, der Kunststil, die Bestattungsweise und die Religion der Linienbandkeramischen Kultur unterscheiden sich auffällig von den Errungenschaften der vorhergehenden mittelsteinzeitlichen Jäger, Fischer und Sammler. Der Linienbandkeramiker schufen eine völlig neue Welt, in der eine neue Wirtschafts- und Lebensweise, aber auch

Jäger der Mittelsteinzeit,
Ölgemälde von Fritz Wendler (1941–1995)
für das Buch „Deutschland in der Steinzeit" (1991)
von Ernst Probst

neue Werte und Glaubensvorstellungen alles verdrängten, was über Jahrtausende gewachsen war.
Die linienbandkeramischen Pioniere drangen von ihrem ursprünglichen Siedlungsgebiet auf dem Balkan entlang der Donau nach Bayern und Südwestdeutschland vor, wo einige von ihnen den Rhein erreichten und überschritten. Eine andere Einwanderungsroute führte die March aufwärts nach Nordmähren und Böhmen, dann entlang der Elbe nach Mitteldeutschland und von hier aus nach Hessen und ins südliche Niedersachsen.
Die linienbandkeramischen Einwanderer besiedelten bevorzugt die fruchtbaren Lößlandschaften, deren nährstoffreiche Böden sich besonders gut für den Ackerbau eigneten. Zunächst ließen sie sich auf den flachen Hängen entlang der Gewässer nieder und lichteten dort die Eichenmischwälder in der näheren Umgebung durch Fällen von Bäumen mit Steinbeilen oder durch Brandrodung mit Feuer. So gewannen sie Holz für den Bau von Häusern und freie Flächen für Äcker und das Vieh. Ihre Siedlungen lagen wie kleine Inseln im Waldmeer. Im Laufe der Zeit breiteten sie sich infolge des starken Bevölkerungszuwachses immer mehr aus. Bald wurde eine Bevölkerungsdichte von etwa 17 Einwohnern pro Quadratkilometer erreicht, die damit mindestens halb so hoch war wie die des 15. Jahrhunderts in Deutschland.
Die frühen bäuerlichen Kolonisatoren hatten in Deutschland ein relativ dünn von mittelsteinzeitlichen Jägern, Fischern und Sammlern sowie von La-Hoguette-Leuten besiedeltes Gebiet angetroffen. Der Begriff La-Hoguette-Gruppe wurde 1983 von dem französischen

Zeichnung auf Seite 13:

Einwandernde Ackerbauern und Viehzüchter
der Linienbandkeramischen Kultur (etwa 5500 bis 4900 v. Chr.)
mit Rindern und anderem Hab und Gut.
Zeichnung des Kunstmalers Fritz Wendler (1941–1995)
für das Buch „Deutschland in der Steinzeit" (1991)
von Ernst Probst

Roden eines Siedlungsplatzes im Wald mit Schuhleistenkeil zur Zeit der Linienbandkeramischen Kultur.
Zeichnung von Fritz Wendler
für das Buch „Deutschland in der Steinzeit“ (1991)
von Ernst Probst

Prähistoriker Christian Jeunesse aus Straßburg geprägt. Er erkannte die Ähnlichkeit von Keramikfunden aus dem Elsaß und der burgundischen Pforte (Bavans, Département Doubs) mit dem Material von La Hoguette im französischen Département Calvados in der Normandie. Dass die La-Hoguette-Leute auch in Deutschland verbreitet waren, haben 1989 die Prähistoriker Jens Lüning und Ulrich Kloos aus Frankfurt am Main sowie Siegfried Albert aus Tübingen bekanntgemacht. In ihrem Aufsatz in der Zeitschrift „Germania" erwähnten sie 19 Fundorte von La-Hoguette-Keramik. Die meisten davon, nämlich 9, liegen in Baden-Württemberg, weitere in Rheinland-Pfalz (3), Bayern (2), Hessen (3) und Nordrhein-Westfalen (2). Im Online-Lexikon „Wikipedia" heißt es, die La-Hoguette-Gruppe habe sich etwa um 6.500 v. Chr. von der Mündung der Rhône aus nach Norden verbreitet und etwa 300 Jahre vor der Linearbandkeramik den Rhein und seine Nebenflüsse erreicht. Im Fundgut der La-Hoguette-Gruppe ist der Anteil der Haustierknochen merklich größer als bei den Linienbandkeramikern, die wiederum mehr Ackerbau betrieben

Es ist nicht auszuschließen, dass es bei der Landnahme der Linienbandkeramiker vereinzelt zu kriegerischen Auseinandersetzungen mit der einheimischen Bevölkerung kam. Zumeist dürften sich die Jäger, Fischer und Sammler in unwegsamere Gebiete zurückgezogen und dort das Leben von „Hinterwäldlern" geführt haben. Allmählich mehrten sich aber die Kontakte mit den Einwanderern, und die Jäger, Fischer und Sammler übernahmen deren neue Errungenschaften.

Die Entstehung der Linienbandkeramischen Kultur fiel in das Atlantikum (etwa 5800 bis 3800 v. Chr.). In diesem Abschnitt förderten hohe und gleichmäßige Durchschnittstemperaturen die Ausbreitung eines dichten Eichenmischwaldes mit Eichen, Linden, Ulmen und Haselnusssträuchern. Nach den Ergebnissen der Pollenanalyse veränderte sich im nördlichen Mitteleuropa jedoch seit dem Auftreten der Linienbandkeramischen Kultur der Anteil der verschiedenen Gehölzarten. Die Pollen von Eichen und Linden gingen merklich zurück, gleichzeitig nahmen diejenigen von Birke, Haselnuß und Esche deutlich zu. Dieser Wandel im Vegetationsbild war offensichtlich eine Folge der Rodungen in den Eichenmischwäldern. Die frühen Bauern fällten zahlreiche Eichen, um ihr Holz zur Errichtung der großen Wohnhäuser und für Palisaden zu gewinnen. Die Linden mußten häufig bei der Anlage von Siedlungs- oder Ackerflächen weichen.
In einer Siedlung bei Singen am Hohentwiel (Kreis Konstanz) in Baden-Württemberg fand man die Überreste von Barben, Forellen, Hechten, Rotaugen, Rotfedern und Schleien. An Gewässern lebten unter anderem Schwäne, Wildgänse und Enten.
Nach den Funden von Straubing-Lerchenhaid in Niederbayern zu schließen, lebten in dieser Gegend Sumpfschildkröten, Gänse, Kraniche, Auerhühner und Biber. Außerdem fand man dort die Überreste von Auerochsen, Elchen, Rothirschen, Rehen, Wildschweinen, Braunbären und Füchsen.
Die Menschen der Linienkeramischen Kultur – auch Linienbandkeramiker oder Bandkeramiker genannt –

waren kleiner als die heutige Bevölkerung in Deutschland. Auf dem Gräberfeld von Butzbach (Wetteraukreis) in Hessen erreichten die Männer eine Körpergröße bis zu 1,71 Meter, die Frauen bis zu 1,57 Meter.

An den Skelettresten ließen sich manchmal auch Krankheiten nachweisen. So stellten 1982 und 1983 der Tübinger Anthropologe Alfred Czarnetzki und sein Schüler Matthias Seitz fest, dass von den etwa 80 Bestatteten auf dem Gräberfeld vom Viesenhäuser Hof[1] bei Stuttgart-Mühlhausen ungefähr jeder Fünfte an einem bösartigen Tumor (Krebs) litt. Möglicherweise handelte es sich bei diesen Gräbern um eine Art von Seuchenfriedhof, in dem fast ausschließlich die Opfer von schweren Krankheiten beerdigt wurden. Das Durchschnittsalter der dort Bestatteten liegt unter 30 Jahren. Ein männliches Skelett vom Viesenhäuser Hof hielt im Grab das Beil ausnahmsweise in der linken Hand. Sein rechter Arm war von Metastasen befallen, wie ein Sieb durchlöchert und deswegen gebrochen.

Im Grab 38 vom Viesenhäuser Hof lag der Schädel eines Mannes, dessen linke Gesichts- und Stirnpartie auffällig deformiert ist. Die Verletzung könnte durch einen Sturz oder Schlag entstanden sein. Vermutlich wurde sie medezinisch versorgt, wobei man die Knochensplitter entfernte. Dank dieser Fürsorge ist die Fraktur verheilt. Ein Fund aus dem Gräberfeld von Hönheim-Suffelweyersheim im Elsaß (Frankreich) lässt auch das Vorkommen von Schädeloperationen (Trepanationen) erkennen.

Auf medizinische Versorgung deutet auch ein im Grab 57 vom Viesenhäuser Hof beobachteter Bruch des

Anthropologe Alfred Czarnetzki

linken Unterarmes eines Mannes hin, der gut verheilt ist. Offenbar hatte man diesen Arm eingerichtet und ruhiggestellt. Dagegen ist der gebrochene Unterarm eines Linienbandkeramikers aus Westeregeln südöstlich von Magdeburg in Sachsen-Anhalt schief zusammengewachsen.

Die Zähne der Linenbandkeramiker sind mitunter durch starke Beanspruchung beim Beißen harter Nahrung stark abgekaut worden. So waren die oberen Schneidezähne eines Erwachsenen aus Bischleben bei Erfurt in Thüringen fast bis zur Schmelzgrenze abgerieben. Aus Roßleben in Thüringen kennt man sogar Milchzähne mit deutlichen Abnutzungsspuren und aus Sondershausen in Thüringen bis zur Zahnhöhle abgeschliffene Zähne, bei denen das Gefäß- und Nervengeflecht freilag.

Zahnfäule (Karies) kam dagegen selten vor, weil durch den Abschliff kleine Herde überwiegend schon vor der Ausbreitung beseitigt wurden. So wies in Sondershausen von insgesamt 185 Zähnen des Dauergebisses im Unterkiefer kein einziger Anzeichen von Karies auf. Von 207 untersuchten Zähnen des Dauergebisses im Oberkiefer sowie 19 Milchzähnen stellte man nur bei 2,45 Prozent Karies fest. Vereinzelt gab es auch Zahnstein, wie Funde aus Sondershausen und das Gebiss eines etwa achtjährigen Kindes aus Zauschwitz in Sachsen zeigen.

Eine auffällige Erscheinung ist die gehäuft bei mitteldeutschen Linienbandkeramikern auftretende erbliche Lückenbildung zwischen den mittleren oberen Schneidezähnen, das so genannte obere Diastema. Diese Lücke misst bei einigen der in Sondershausen Bestatteten drei bis sechs Millimeter Breite.

Dass es im Leben der Linienbandkeramiker keineswegs immer friedlich zuging, veranschaulicht das Massengrab von Talheim[2] (Kreis Heilbronn) in Baden-Württemberg. Die dort gefundenen Skelette zeigen deutlich Hiebspuren von Steinbeilklingen. Vielleicht handelt es sich auch bei dem Schädel mit einer starken, offenbar zum Tode führenden Verletzung aus einem Hockergrab in Frankfurt-Praunheim um ein Opfer von Gewalt. In diesem Fall hatte man ein verziertes Tongefäß mit der Mündung über die Verletzung gestülpt.

Natürlich ereigneten sich damals auch Unglücksfälle. So dürfte ein im Ortsteil Zauschwitz von Weideroda (Kreis Borna) in Sachsen unter einer zusammengebrochenen Hüttenwand entdecktes Kind verschüttet worden und dabei erstickt sein. Möglicherweise waren auch die erwähnten Armbrüche vom Viesenhäuser Hof und Westeregeln auf Unglücksfälle zurückzuführen.

Die Linienbandkeramiker wohnten teilweise in Einzelgehöften, die nur einer einzigen Familie Platz boten, aber auch in Dörfern mit bis zu einem Dutzend großen, aber auch kleineren Häusern. In einem solchen Dorf lebten dann etwa 50 bis 80 Personen. Nach Berechnungen des Frankfurter Prähistorikers Jens Lüning dürfte die Bevölkerungszahl zur Zeit der Linienbandkeramischen Kultur auf dem Gebiet Westdeutschlands maximal 360.000 Personen betragen haben, auf dem Gebiet Ostdeutschlands lebten etwa 210.000 Menschen. Insgesamt existierten damit im Gebiet von Deutschland mehr als eine halbe Million

Menschen. Die Bevölkerungsdichte war damit merklich höher als in der Mittelsteinzeit.
Natürliche Höhlen dienten den frühen Bauern nur noch in Ausnahmefällen als Unterschlupf. Beispielsweise als Versteck bei feindlichen Angriffen oder als Rastplatz bei Expeditionen, etwas zur Beschaffung von Feuerstein oder anderen für die Geräteherstellung benötigten Steinarten. So wurden unter anderem die Weinberghöhlen von Mauern (Kreis Neuburg-Schrobenhausen) in Bayern von Linienbandkeramikern aufgesucht, wie Tonscherben in den Höhlen 1 und 3 zeigen.
Ansonsten wohnten die Linienbandkeramiker in ihren auffällig großen, teilweise bis zu 40 Meter langen und über 6 Meter breiten Holzhäusern. Diese Langhäuser hatten ein tragendes Gerüst aus drei Reihen in bestimmten Abständen tief in den Lößboden eingegrabenen dicken Innenpfosten. Auf ihnen lag die mit Schilf oder Stroh gedeckte Dachkonstruktion. Die Wände wurden durch locker gestellte dünnere Pfosten an den Aussenseiten gebildet, deren Zwischenräume man mit Flechtwerk aus Ruten füllte. Anschließend verputzte man das Flechtwerk und die Holzwände mit Lehm. Funde aus Herkheim und Nähermemmingen bei Nördlingen in Bayern zeigen, dass man den Hüttenlehm mit Kalk weiß getüncht hat.
Der zum Verputzen verwendete Lehm wurde in der Nachbarschaft der Baustelle aus dem Lößboden entnommen. Dabei entstanden große Gruben, in die man später Speiseabfälle, unbrauchbar gewordene Tongefäße oder Geräte warf. Solche Gruben liefern daher vielfach bei archäologischen Ausgrabungen

Bild auf Seite 23:

Bau eines Langhauses in einer Waldlichtung
zur Zeit der Linienbandkeramischen Kultur.
Zeichnung von Fritz Wendler
für das Buch „Deutschland in der Steinzeit" (1991)
von Ernst Probst

Foto auf Seite 25:

Im „Tiergarten Straubing“
ist die 36 Meter lange und sechs Meter breite Rekonstruktion
eines Langhauses aus der Jungsteinzeit zu sehen.
Die Firsthöhe des Gebäudes beträgt 5,25 Meter.
Für das Grundgerüst
hat man 123 Eichenrundhölzer verwendet.
Das Dach wurde 1998 von einem Schilfdachdeckermeister
mit 25 Tonnen Schilf
vom Neusiedler-See gedeckt.
Die Wände bestehen aus dünnen Haselnussstangen
sowie einem Gemisch aus Lehm, Stroh und Sand.
Solche Häuser haben zur Zeit
der Linienbandkeramischen Kultur
in Straubing-Lerchenhaid gestanden.
Im Inneren des rekonstruierten Langhauses
informiert eine Ausstellung
über steinzeitliche Handwerkstechniken
und die Entstehung der Haustierrassen.
Besuchergruppen können unter Anleitung
eines Experimentalarchäologen
steinzeitliche Handwerkstechniken
wie das Feuermachen oder die Bearbeitung
von Feuerstein ausprobieren.

Rekonstruktion eines Haues der Linienbandkeramischen Kultur im privatwirtschaftlichen archäologischen Themenpark „Archaeon" in Alphen aan den Rijn in den Niederlanden. Im „Archaeon" kann man Nachbauten von Gebäuden sehen, die in den Niederlanden stehen bzw. von denen Überreste gefunden worden sind.

Baumfällversuch mit rekonstruierten Schuhleistenkeilen nach Funden aus der Zeit der Linienbandkeramischen Kultur. Ziel des Experiments war die Analyse von Abnutzungsspuren an den Beilklingen sowie der Bearbeitungsspuren an den Fällkerben des Baumes und den Holzwerkstücken im Vergleich zu entsprechenden archäologischen Funden.

wertvolle Hinweise auf das Leben der damaligen Menschen.
Auf derartige Gruben war man erstmals gegen Ende des 19. Jahrhunderts in Baden-Württemberg, Rheinhessen und im Elsaß gestoßen. Ihre Entdeckung – vor allem die Ausgrabungen von Eberstadt[3] in der Wetterau (Hessen), bei denen sehr große und komplizierte Gruben freigelegt wurden – führte zu der irrigen Vorstellung, es handelte sich dabei um Wohngruppen. Später entdeckte Grundrisse von Rechteckhäusern schrieb man dagegen Scheunen oder Wirtschafts-gebäuden der frühen Bauern zu. Erst die scharfsinnigen Überlegungen des Prähistorikers Oskar Paret (1889–1972) aus Stuttgart in den Jahren 1942 und 1946 zeigten, dass das Gegenteil der Fall war.
Manchmal lassen die durch Pfostenlöcher markierten Grundrisse erkennen, dass die Langhäuser drei Räume besaßen. Vermutlich handelte es sich hierbei um einen Wohnraum für die Bauernfamilie, um einen Speicher und um einen Stall, in dem in Schlechtwetterzeiten das Vieh untergestellt wurde. Der Lößboden war mit den Füßen festgestampft und wahrscheinlich zumindest im Schlafbereich mit Tierfellen oder anderem Material gepolstert. Zum Inventar eines Langhauses gehörte vermutlich ein aus Lehm errichteter Backofen.
Die stabilste und schmalste Seite der Langhäuser orientierte sich meist in der Hauptwetterrichtung nach Nordwesten, um Wind und Regen möglichst wenig Angriffsflächen zu bieten und die begrenzte Haltbarkeit der Behausungen zu erhöhen. Nach 30 oder spätestens 40 Jahren waren die aus Holz und Lehm errichteten

Langhäuser baufällig. Diese Zeitspanne entsprach bei der damaligen niedrigen Lebenserwartung etwa einer Generation. Die Nachfolgebauten wurden überwiegend in einem gewissen Abstand neben den alten Langhäusern errichtet. Deshalb findet man heute an den von vielen Generationenn besiedelten Plätzen zahlreiche Hausgrundrisse, die nicht von einer einzigen großen Siedlung, sondern von einer kleinen, aber immer wieder neu erbauten Häusergruppe herrühren.
Die Linienbandkeramiker haben in Mitteleuropa den Brunnenbau als Neuheit eingeführt. Einer ihrer frühesten Brunnen wurde in einer Siedlung der ältesten Linienbandkeramik in Mohelnice (Mähren) in Tschechien entdeckt. Die hierfür verwendeten Bohlen haben ein Alter von etwa 5540 bis 5460 v. Chr.
In die Zeit zwischen 5300 und 5200 v. Chr. datiert man die Brunnen von Leipzig-Plaußig, Eythra B21 und B22 im Tagebau Zwenkau, in Brodau (Stadt Delitzsch) und Dresden-Cotta, alle in Sachsen gelegen. Aus der Zeit um 5100 v. Chr. stammen die Brunnen von Erkelenz-Kückhofen (Kreis Heinsberg) in Nordrhein-Westfalen sowie Eythra B17 und Altscherbitz (Stadt Schkeuditz) in Sachsen. Der 2007 entdeckte Brunnen von Niederröblingen (Stadt Allstedt, Kreis Mansfeld Südharz) in Sachsen-Anhalt entstand zur Zeit der jüngeren Linienbandkeramik. Weitere nicht genau datierte Brunnen der Linienbandkeramik kennt man aus Meiselwitz-Zipsendorf (Sachsen), Arnoldsweiler (Nordrhein-Westfalen), Fußgönnheim (Rheinland-Pfalz), sowie aus Mannheim-Straßenheim und Mannheim-Vogelstang (beide in Baden-Württemberg).

Wie ausgereift die Zimmermannstechnik der Linienbandkeramiker war, zeigt der 2001 in Leipzig-Plaußig entdeckte Brunnen. Er befand sich inmitten einer linienbandkeramischen Siedlung, auf die das Landesamt für Archäologie Sachsen im Zuge der Erschließung des zukünftigen BMW-Geländes gestoßen war. Einer dendrochronologischen Datierung zufolge, wurden die ältesten verbauten Eichenholzbohlen im Winterhalbjahr 5259/58 v. Chr. gefällt und bald darauf verwendet. Die verbauten Bohlen stammten von bis zu 230 Jahre alten Eichen. Der Brunnen wurde in einer Tonlinse errichtet, die viereinhalb Meter tief in den Boden reichte. Wie bei anderen linienbandkeramischen Brunnen hat man einen Holzschacht eingebaut. Ein kleinerer Holzschacht lieferte einen Hinweis auf eine Erneuerung. Die Hölzer der untersten Lage hatte man mit Zapfenverbindungen zusammengefügt. Bei der Erneuerung wurden Bohlen des alten Holzkastens für den jüngeren Kasten wiederverwendet. Womöglich herrschte im Gegensatz zum Erstbau bereits ein Mangel an geeigneten Hölzern.
Der 1990 entdeckte Brunnen von Erkelenz-Kückhoven wurde aus 10 bis 15 Zentimeter dicken Eichenholzbalken errichtet, reichte 15 Meter tief in den Boden bis zum Grundwasser und maß 3 mal 3 Meter. Der Brunnenkasten ist in Blockbautechnik zusammengefügt worden. Man hat die Eichenholzbalken geschickt behauen. Die Nuten an ihrem Ende sind so verschränkt wie bei heutigen nordamerikanischen Blockhäusern. Mehr als 20 Jahre später wurde in den großen Brunnenkasten ein kleinerer gebaut, den man später ebenfalls ersetzt hat.

Ein Brunnen in einem ehemaligen Dorf der Linienbandkeramiker kam auch in Merzenich-Morschenich (Kreis Düren) im Tagebau Hambach in Nordrhein-Westfalen zum Vorschein. Archäologen des Landschaftsverbandes Rheinland war eine flache Geländemulde aufgefallen, die sie daraufhin untersuchten. In den oberen Schichten war das Holz des Brunnens bereits vergangen, aber in mehr als 13 Metern Tiefe stieß man auf gut erhaltene Holzreste. 2011 wurde die Basis des Brunnens erreicht, die mehr als rund 15 Meter unter die ehemalige Erdoberfläche reichte. Aus diesem Grund gilt der Brunnen von Merzenich-Morschenich als Europas tiefester Brunnen aus der Steinzeit. Für diesen Brunnen hatten die frühen Siedler einen trichterförmigen Schacht gegraben, der oben einen Durchmesser von rund zwölf und unten von etwa zwei Metern hatte. In diesen Schacht bauten sie von unten nach oben einen Holzkasten. Auf dem Grund linienbandkeramischer Brunnen fand man Tongefäße, Werkzeuge und in Eythra B22 sogar Schöpfgefäße aus Rindenbast.
Allein der Bau eines einzigen Langhauses stellte bereits eine beachtliche Gemeinschaftsleistung dar, die viel Überlegung und handwerkliches Geschick erforderte. Noch erheblich größer war jedoch der Aufwand bei den aus Gräben und Palisaden bestehenden Schutzanlagen, die Erdwerke genannt werden. Man denke nur an das Ausheben der kreisförmigen Gräben, die einen Durchmesser von bis zu 150 Metern hatten, einige Meter breit und mehr als einen Meter tief waren. Hinzu kam das Fällen und Aufstellen von Tausenden von Baumstämmen für die Palisadenwände. Eine solche

Foto auf Seite 33:

Schöpfgefäß aus Rinde,
gefunden im linienbandkeramischen Brunnen Eythra B22
(Tagebau Zwenkau),
Kreis Leipziger Land, in Sachsen

Mühsal nahm man wohl nur deswegen auf sich, weil Gefahren drohten und ein entsprechendes Schutzbedürfnis vorhanden war. Manche Prähistoriker halten solche Grabenanlagen allerdings auch für Viehkräle oder Kultplätze.

Derartige Grabenanlagen der Linienbandkeramischen Kultur kennt man aus Baden-Württemberg (Bietigheim, Brackenheim, Grießen, Schwaigern), Bayern (Altdorf, Langenamming, Lautertal, Meindling, Niederpöring, Straubing-Lerchenhaid, Wallersdorf), Rheinland-Pfalz (Plaidt, Sarmsheim), Hessen (Bracht, Friedberg, Hattenheim), Nordrhein-Westfalen (Bad Sassendorf, Barmen 1, Bergheim-Glesch, Jünchen-Hochneukirch, Köln- Mengerich, Köln-Müngersdorf, Langweiler 3, 8, 9, Lohn 3, Miederzier, Rödingen), Niedersachsen (Esbeck) und Sachsen-Anhalt (Eilsleben). Manche dieser Grabenanlagen konnten nur teilweise aufgedeckt werden, andere dagegen ganz. So ließ sich beispielweise in Altdorf (Kreis Landshut) nur ein kleiner gekrümmter Palisadengraben von etwa 30 Meter Länge verfolgen. Im Stadtteil Langenamming von Osterhofen (Kreis Deggendorf) entdeckte man einen Graben, der einen Durchmesser von etwa 150 Metern hatte. Der Graben in Wallersdorf (Kreis Dingolfing-Landau) war etwa drei Meter breit und einen Meter tief.

Zu den schon seit etlichen Jahrzehnten bekannten Grabenanlagen der Linienbandkeramischen Kultur gehört diejenige von Plaidt (Kreis Mayen-Koblenz) in Nettetal. Sie wurde 1911 von dem Direktor ds Rheinischen Provinzialmuseums Bonn, dem Prähistoriker Hans Lehner (1865–1938), entdeckt. Er hatte 1910 in der

Sammlung Queckenberg in Niederbreisig etliche Tonscherben von einer einzigen Fundstelle gesehen und 1911 dort gegraben. Dabei stellte er einen älteren Graben mit einem Durchmesser von maximal 100 Metern sowie einen jüngeren mit einem Durchmesser bis zu 140 Metern fest. Der zuletzt geschaffene äußere Graben mit Pfahlresten und Durchlässen sowie die dazugehörige Siedlung sind durch einen Brand zerstört worden. Vielleicht geschah dies bei einem Überfall. Auch der Palisadenzaun, der die Siedlung von Gerlingen (Kreis Ludwigsburg) in Baden-Württemberg schützte, könnte bei einem Überfall abgebrannt sein.

Im Raum Köln konnte man sogar drei linienbandkeramische Grabenanlagen nachweisen. Als berühmteste davon gilt das Erdwerk von Köln-Lindenthal. Seine Entdeckungsgeschichte begann Ende 1928 bei Abtragungsarbeiten für den geplanten Botanischen Garten der Universität zwischen der Dürener Straße und dem Gleis der Frechener Bahn. Dabei wurde auch der Frechener Bach verlegt. Bei dieser Arbeit stieß man auf Keramik- und Brandreste. Bei den Ausgrabungen von 1929 bis 1934 fanden der Kölner Prähistoriker Werner Buttler (1907–1940) und der Bonner Archäologe Waldemar Haberey (1901–1985) über 30 mehr oder weniger vollständige Grundrisse von Langhäusern, außerdem Lehmentnahmegruben, Feuersteingeräte, Keramik sowie Teile eines 1,10 Meter tiefen und 1,40 Meter breiten Spitzgrabens. An die Innenseite des Grabens schloss sich ein Wall an, der aus dem Aushubmaterial des Grabens errichtet worden sein dürfte. Graben und Wall wurden durch einige

Durchlässe von mehreren Meter Breite unterbrochen, die teilweise von einer nach innen versetzten Reihe dicht stehender Pfosten begleitet waren. Die mehr als 30 Langhäuser innerhalb des schützenden Grabens und Walles haben nicht alle zur gleichen Zeit bestanden. Sie waren meist etwa 25 Meter lang und bis zu 7 Meter breit. Das größte davon erreichte eine Länge von 36 Metern.

Auffällig viele linienbandkeramische Grabenanlagen befinden sich auf dem Gebiet der Aldenhovener Platte zwischen Köln und Aachen. Sie erstreckt sich zwischen dem Gebirgsfuß der Eifel und den Flüssen Rur, Inde und Wurm. In dieser Gegend wurden beim Abbau von Braunkohle im Tagebau durch die Rheinische Braunkohlen AG und durch parallel dazu vorgenommene archäologische Untersuchungen des damals in Köln lehrenden Prähistorikers Jens Lüning unter anderem sieben linienbandkeramische Erdwerke entdeckt: Barmen 1, Broichweiden 1, Lamersdorf 2, Langweiler 3, 8, 9 und Lohn 3. An der Fundstelle Langweiler 8 bestand die Grabenanlage aus drei hintereinander gestaffelten Gräben. Die Erbauer und Benutzer dieser Anlage wohnten teilweise in Häusern, die sich unmittelbar hinter dem nördlichen Eingang des Erdwerkes befanden. Im Gegensatz dazu gab es in Langweiler 9 weder im Innern des Grabenrings noch in unmittelbarer Umgebung irgendwelche Häuser. Offenbar war dieser leere Grabenring von Bewohnern benachbarter Einzelhöfe und Gruppensiedlungen geschaffen und genutzt worden.

Von zwei nahezu parallel verlaufenden Gräben war eine Siedlung auf dem Nachtwiesen-Berg des Stadtteils Esbeck[4] von Schöningen (Kreis Helmstedt) umgeben.

Jeder von ihnen hatte eine Breite von etwa 3 Metern und eine Tiefe bis zu 1,20 Meter. Der Abstand zwischen den beiden Gräben betrug 16 bis 20 Meter. Vermutlich schloss sich jeweils auf der Innenseite ein Wall an.
Anders als bei den mittelsteinzeitlichen Menschen spielte die Jagd bei den Linienbandkeramikern nur noch eine unbedeutende Rolle. Der Anteil von Wildtierknochen im Fundgut der Siedlungen ist gering. In der linienbandkeramischen Siedlung Singen am Hohentwiel (Kreis Konstanz) stieß man in zwei Gruben auf zahlreiche Wirbel und Gräten von Fischen. Sie stammen von Rotauge, Rotfeder, Barbe, Döbel, Alet, Schleie, Hecht, Forelle und Flussbarsch. Am häufigsten waren Reste von Fischen mit einer Körperlänge zwischen 7 und 15 Zentimetern. Um derart kleine Fische zu fangen, benötigte man sehr feine Netze bzw. Reusen mit einer Maschenweite von höchstens drei bis vier Zentimetern. Der Fund eines knöchernen Angelhakens aus Pfalzel (Kreis Trier-Saarburg) zeigt, dass man damals auch geangelt hat.
Die linienbandkeramischen Ackerbauern und Viehzüchter siedelten ausschließlich in Gegenden mit fruchtbaren Böden, die sie offenbar anhand von gut beobachteten Anzeichen erkannten. Die Laubwälder wurden mit Hilfe von Steinbeilen, Schuhleistenkeilen und Feuer gerodet. Den Boden bearbeitete man vermutlich mit Holzhacken, Holzspaten, Furchen- und Grabstöcken. Als Dünger diente lediglich die bei der Brandrodung anfallende Asche.
Zu den wichtigsten von den Linienbandkeramikern angebauten Getreidearten gehörten das Einkorn

Befestigte Siedlung von Ackerbauern und Viehzüchtern zur Zeit der Linienbandkeramischen Kultur in Köln-Lindenthal (Nordrhein-Westfalen). Derartige Anlagen lassen auf unruhige Zeiten schließen.

Die Bilder auf den Seiten 36 und 37 zeigen
die linke und rechte Hälfte eines Ölgemäldes von Fritz Wendler
für das Buch „Deutschland in der Steinzeit" (1991)
von Ernst Probst.

Einkorn (Tricticum monococcum)

(Tricticum monococcum), der Emmer *(Triticum dicoccum)* und die mehrzeilige Gerste *(Hordeum vulgare)*. Verkohlte Reste von Emmer, Einkorn und Gerste sind unter anderem am bereits erwähnten Fundort Esbeck geborgen worden. Manchmal lassen sich Kornabdrücke von Emmer, Einkorn und Gerste sogar an Tongefäßen erkennen.

Die reifen Ähren wurden mit der Sichel abgeschnitten, die aus einem gekrümmten Holzschaft mit scharfkantigen Einsätzen aus Feuerstein bestand. Die Ähren sammelte man vermutlich in Körben und drosch sie später mit Mörsern, weil sich bei diesen frühen Getreidearten Spelzen und Körner nur schwer voneinander trennen ließen. Die auf diese Weise von den Spelzen gelösten Körner wurden auf Steinplatten (Unterlieger) geschüttet und darauf mit einem kleineren Stein (Läufer) zerrieben.

Mit dem so gewonnenen Getreideschrot oder dem -mehl stellte man durch Zugabe von Wasser Grützbrei her oder buk Brotfladen. Zum Backen von Brot dienten möglicherweise die insgesamt zwölf Öfen, deren Reste in der linienbandkeramischen Siedlung von Untergaiching/Rottal in Niederbayern entdeckt wurden. Sie haben trapezförmige oder ovale Grundrisse von 0,80 bis 1,60 Meter. Zu ihnen gehörte eine Grube, die mit Kieseln ausgelegt wurde. Darüber strich man eine dünne Lage Lehm, welche die Ofentenne bildete. Die Lehmkuppel wurde durch ein Gerüst aus Weidenruten gestützt, das beim Beheizen des Ofens verkohlte.

Neben Getreide schätzten die Linienbandkeramiker auch andere Nutzpflanzen wie Schlafmohn *(Papaver*

somniferum), Flachs *(Linum usitatissimum)*, Linse *(Lens culinaris)* und Erbse *(Pisum sativum)*. Allein in einer Siedlungsgrube von Dresden-Nickern in Sachsen wurden schätzungsweise mehr als 30.000 Erbsen entdeckt. In geringerer Zahl hat man Erbsen, Linsen und Lein auch in Esbeck nachgewiesen.
Die nach Deutschland einwandernden Linienbandkeramiker brachten außer Saatgut auch Haustiere mit, und zwar Rinder, Schafe, Ziegen und Schweine. Die Fähigkeit des Menschen, Milch zu verdauen (Laktasepersistenz), soll auf die Linienbandkeramische Kultur zurückzuführen sein. Im Laufe der Zeit haben diese erfahrenen Viehzüchter einheimische Auerochsen und Wildschweine als Jungtiere eingefangen und domestiziert. Knochen von mindestens sechs Rindern sowie Zähne von Ziegen oder Schafen kennt man aus der linienbandkeramischen Siedlung von Eitzum (Kreis Wolfenbüttel) in Niedersachsen. Hunde wurden seltener gehalten.
Neben Nahrung aus Getreide, Linsen, Erbsen und dem Fleisch von geschlachteten Haustieren verzehrten die Linienbandkeramiker auch wildwachsende essbare Pflanzen oder Früchte wie Holzäpfel, Kornelkirschen, Himbeeren, Erdbeeren, Haselnüsse, Weißen Gänsefuß und Knöterich. Abdrücke von Apfelresten kennt man auf linienbandkeramischen Tonscherben vom bereits erwähnten Fundort Nerkewitz. In einer Siedlungsgrube von Lamersdorf (Kreis Düren) in Nordrhein-Westfalen kamen etwa 6.000 Samen vom Weißen Gänsefuß zum Vorschein, dessen grüne Blätter offenbar als Salat verspeist wurden.

Die Linienbandkeramiker betrieben Tauschgeschäfte mit schönen Tongefäßen, seltenen Steinarten und Schmuckstücken, aber vermutlich auch mit Saatgut, Getreidemehl und Zuchttieren. Manche der dabei erworbenen Gegenstände stammen aus weit entfernten Gebieten. So wurden in Siedlungen der Aldenhovener Platte Feuersteine gefunden, die aus der rund 150 Kilometer entfernten Region von Mons in Belgien oder aus dem etwa 60 Kilometer entfernten Raum Lüttich stammen. Manche Werkzeuge von Fundstellen der Aldenhovener Platte waren aus Aktinolith-Hornblendeschiefer geschaffen worden, wie er im Hohen Balkan und in den Westkarpaten vorkommt. In Nordrhein-Westfalen fand man außerdem aus Schlesien stammenden Hornblendestein (Amphibolit) und in Nordhessen Maasfeuerstein aus Belgien.
In einem Grab von Flomborn (Kreis Alzey-Worms) in Rheinland-Pfalz soll angeblich sogar ein aus Afrika oder aus dem Orient eingeführter Pflock aus Elfenbein entdeckt worden sein. An mehreren Fundorten barg man aus den Gehäusen der *Spondylus*-Muschel geschaffene Schmuckstücke, die vielleicht Importware aus Südosteuropa waren. *Spondylus*-Muscheln kamen unter anderem in Aiterhofen-Ödmühle (Kreis Straubing-Bogen), Sengkofen (Kreis Regensburg), Bornstedt (Kreis Eisleben) und Wulfen (Kreis Köthen) zum Vorschein.
Die von den Linienbandkeramikern gehaltenen Rinder dienten bei Wanderungen zu neuen Siedlungsstandorten vielleicht als Lasttiere. Reittiere, Wagen und Straßen kannte man damals noch nicht. Für das Überqueren

von Flüssen baute man vermutlich Flöße, mit denen man die Familien, den Hausrat und das Vieh ans andere Ufer brachte. Es ist nicht auszuschließen, dass die Linienbandkeramiker auch Einbäume herstellten, mit denen sie Seen befuhren. Technisch waren sie dazu zweifellos in der Lage.

Man nimmt an, dass die Linienbandkeramiker Kleidung aus Leder trugen, wie dies schon für die vorangegangene Mittelsteinzeit vermutet wird. Als Rohstoff hierfür käme neben Hirsch- vor allem Rindsleder in Betracht. Archäologisch nachgewiesen ist dies jedoch nicht. Daher ist genausogut Kleidung aus Schafwolle oder Lein aus angebautem Flachs denkbar. Die Männer trugen vielleicht in der warmen Jahreszeit Jacken und Röcke, welche die Beine weitgehend unbedeckt ließen. In der kalten Jahreszeit dürfte an die Stelle des Rockes eine lange Hose getreten sein. Bei den Frauen wurde im Winter vermutlich der kurze Rock durch einen langen ersetzt. Schuhe fertigte man wahrscheinlich aus Leder an.

Die Linienbandkeramiker hatten eine Vorliebe für Schmuck aus Muschelschalen, Schneckengehäusen und durchbohrten Tierzähnen. Solche Schmuckstücke wurden in etlichen Gräbern dieser Kultur gefunden. Einige der im Gräberfeld von Aiterhofen-Ödmühle in Niederbayern bestatteten Männer trugen einen Gürtel aus organischem Material um die Hüfte, der mit der Klappe einer V-förmig eingeschnittenen *Spondylus*-Muschel geschlossen war. Als Gürtelverschluss diente vermutlich auch ein des öfteren in der Bauchgegend beobachteter Knebel aus Hirschgeweih. Manche Männer von Aiterhofen-Ödmühle waren am Oberarm mit

Spondylus-Ringen und auf der Brust mit prächtigen Gehängen geschmückt.
Auch einige der in Aiterhofen-Ödmühle bestatteten Frauen fielen durch reichen Schmuck auf. Manche von ihnen besaßen einen Gürtel mit *Spondylus*-Klappe. Andere hatten einheimische Schneckengehäuse aus der Donau in die Haartracht eingeflochten. Bei einer Frau und bei einem Mann war der Haarschopf mit einem Knochenkamm im Nacken zusammengesteckt. Schminkservices, bestehend aus Schminkplatte, Rötel- und Feuersteinknolle sowie Knochenspachtel bei Frauen und Männern deuten darauf hin, dass man bestimmten Gelegenheiten das Gesicht rot bemalte.
Im Gräberfeld von Sengkofen unweit von Regensburg fand man in sechs Gräbern unter anderem Ketten oder Gehänge aus einheimischen Donauschnecken *(Theodorus danubialis)*, ein Gehänge aus Zähnen vom Wolf und Eber am Gürtel eines Kindes, Haarschmuck aus Schneckengehäusen der Gattung *Lithoglyphus*, ein Kammfragment in der Nackengegend sowie aus *Spondylus*-Muscheln geschaffene Schmuckstücke. Zu den *Spondylus*-Schmuckstücken gehörten zweifach durchbohrte, an der Hüfte getragene Klappen, zu Armreifen verarbeitete Schalen sowie aus dem Schloss von *Spondylus*-Muscheln hergestellte Halsperlen.
In seltenen Fällen hat man auch in vorübergehend aufgesuchten Höhlen Schmuckstücke geborgen. So kam in der Höhle 4 der Weinberghöhlen bei Mauern ein durchbohrter Rötelanhänger zu Vorschein. Ähnliche Stücke kennt man aus linienbandkeramischen Siedlungen im Nördlinger Ries.

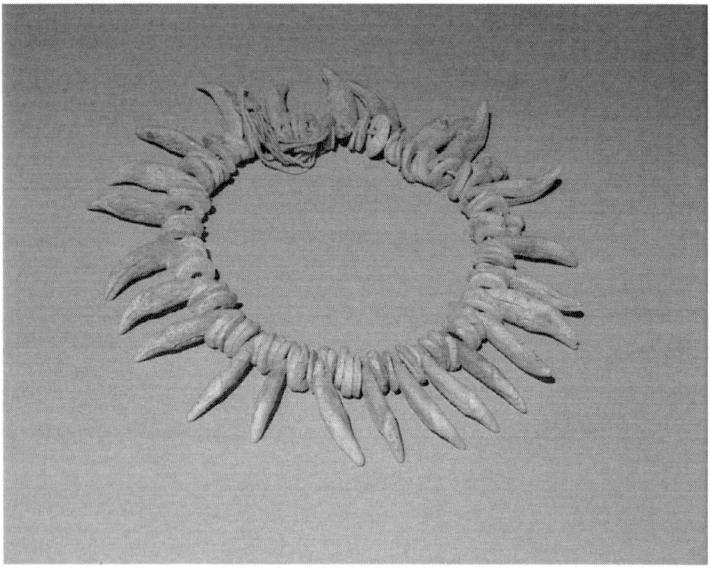

Halsschmuck mit Hundezähnen und Muschelscheiben aus der Zeit der Linienbandkeramischen Kultur von Srbec in Tschechien.
Original im Germanischen Nationalmuseum, Nürnberg

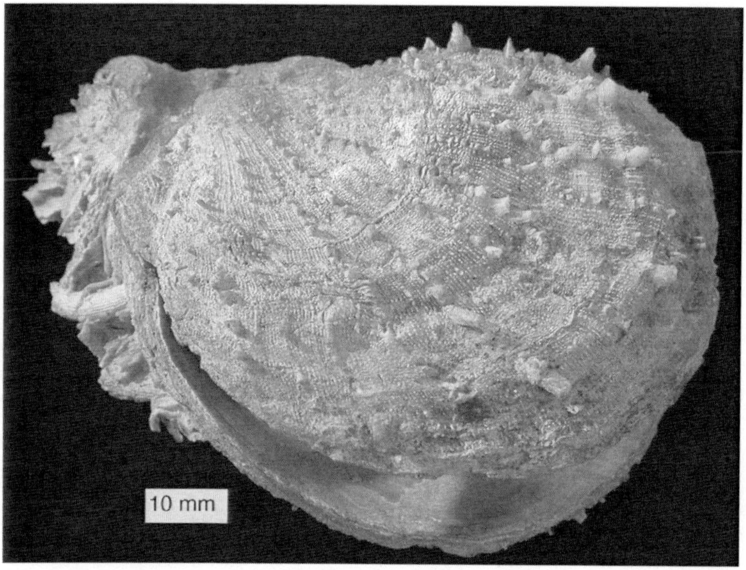

Fossile Spondylus-Muschel von Zypern.
Solche Muscheln dienten
in der Zeit der Linienbandkeramischen Kultur
als Gürtelverschluss oder Schmuckstück.

Die Linienbandkeramiker haben in Deutschland zahlreiche Kunstwerke hinterlassen, die allesamt auf Tongefäßen angebracht oder aus Ton geformt wurden. Gegenüber den Kunstobjekten aus Stein, Knochen oder Geweih der vorhergehenden Mittelsteinzeit stellen sie etwas völlig Neues dar. Neben den linienbandartigen Ornamenten, die man nicht der Kunst zuordnet, ritzten oder stachen die frühen Bauern mitunter auch Tier- oder Menschenmotive auf die Außenwände von Tongefäßen. In anderen Fällen modellierten sie darauf Tierköpfe oder menschliche Gestalten und Gesichter heraus. Außerdem schufen sie Tongefäße und Plastiken in Tier- oder Menschengestalt sowie so genannte „Altärchen" bzw. Postamente, die wahrscheinlich als Sitzgelegenheiten für Menschenfiguren dienten. Die Kunstwerke spielten vermutlich eine Rolle im Kult.

Die Tiermotive zeigen vor allem die Haustiere Rind und Schwein, in ganz seltenen Fällen aber auch Wildtiere wie eine Schlange oder einen Vogel. Manchmal läßt sich nicht klar entscheiden, worum es sich handelt. Als Beispiel einer auf einem Tongefäß herausmodellierten Rinderdarstellung kann man unter anderem eine am bereits erwähnten Fundort Zauschwitz geborgene Randscherbe anführen. Zu den raren Wildtiermotiven zählt die halbplastische Schlangendarstellung auf der Bodenscherbe einer Schale aus Piskowitz (Kreis Meißen) in Sachsen. Aus Würzburg-Heidingsfeld in Bayern und aus Halle-Trotha in Sachsen-Anhalt kennt man das Bruchstück eines Tiergefäßes in Rindergestalt, aus Zauschwitz ein vogelartiges Tiergefäß, aus Herkheim

bei Nördlingen in Bayern und aus Endorf (Kreis Hettstedt) in Thüringen je ein nicht näher identifizierbares Tiergefäß. In Hienheim (Kreis Kelheim) in Bayern entdeckte man die Plastik eines Rindes, in Nieder-Weisel (Wetteraukreis) in Hessen die eines Schweines.
Plastische Gesichtsdarstellungen auf Tongefäßen wurden in Dorna (Stadt Gera) in Thüringen, Barleben (Kreis Börde) und Derenburg (Kreis Harz) in Sachsen-Anhalt sowie in Draschwitz (Kreis Leipzig) und Zauschwitz (Kreis Leipzig) in Sachsen nachgewiesen.
Von den auf Tongefäßen herausmodellierten Menschendarstellungen ist diejenige aus Gneiding bei Landau an der Isar (Kreis Deggendorf) in Bayern besonders bemerkenswert. Das 7,5 Zentimeter hohe Männchen wurde mit wie zum Gebet erhobenen Armen und wie zu einem Schrei geöffneten Mund unter dem Rand des Gefäßes angebracht.
Unter den zahlreichen menschengestaltigen Plastiken ragen vor allem die Reste einer im Herbst 1979 auf einem Acker bei Gaukönigshofen (Kreis Würzburg) in Bayern entdeckten Figur heraus. Dabei handelt es sich den 8,5 Zentimeter langen und 4,2 Zentimeter breiten Oberkörper einer Frau. Die Bestimmung des Geschlechts basiert auf Ansatzstellen im Bereich der Brustpartie und auf einer Mulde in der Höhle des Brustbeines. Nach dem erhaltenen Bruchansatz zu schließen, waren die beiden Arme nach vorne abgewinkelt. Sie trugen einen Gegenstand vor sich, von dem nur noch eine 4,1 Zentimeter lange, vom Schoß bis zur Brusthöhe reichende Bruchfläche sowie je ein Ansatzstück der Wandung beiderseits der Figur zeugen.

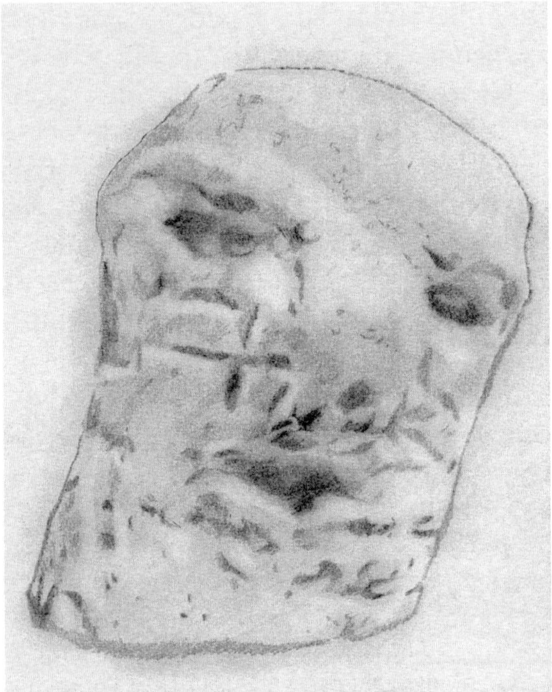

Kopffragment einer Tonfigur
von Meindling (Kreis Straubing-Bogen)
in Bayern.
Höhe des Kopffragments etwa 5 Zentimeter.
Original in der
Prähistorischen Staatssammlung München.
Zeichnung: Marc Heiko Ulrich,
Kunstzeichnner.de

Tongefäß (so genannter Kumpf)
von Gneiding (Kreis Deggendorf) in Bayern.
Die Figur des Männchens unter dem Rand
ist 8 Zentimeter hoch,
hat die Arme wie zum Gebet erhoben
und den Mund wie zu einem Schrei geöffnet.
Original in der
Prähistorischen Staatssammlung München
Zeichnung: Marc Heiko Ulrich,
Kunstzeichnner.de

Man vermutet, dass dieses Objekt ein kleines Gefäß war. Damit ähnelt die Frauenfigur aus Gaukönigshofen der thronenden weiblichen „Gottheit“ von Novi Becej-Bordjos in Jugoslawien, die ebenfalls ein Gefäß auf dem Schoß hält. Der Rücken der Gaukönigshofener Plastik ist mit einem Winkelmuster in Form eines hängenden Tannenzweiges bedeckt. Ein solches Muster weisen auch andere tönerne Menschenfiguren der Linienbandkeramischen Kultur auf. Es soll das Skelett darstellen. Diesen so genannten Röntgenstil hat 1975 der Kölner Prähistoriker Jacob Ozols ausführlich beschrieben. Auffälligerweise konnte man bisher keine einzige vollständig erhaltene linienbandkeramische Menschenfigur bergen. Man nimmt an, dass diese Kunstwerke absichtlich zerbrochen worden sind.

Als älteste Tonfigur Mitteleuropas mit eindeutig männlichen Geschlechtsmerkmalen gilt der so genannte „Adonis von Zschernitz“. Er wurde zur Zeit der jüngeren Linienbandkeramischen Kultur zwischen etwa 5200 und 5100 v. Chr. hergestellt. Die Entdeckung dieses Kunstwerkes gelang dem „Landesamt für Archäologie Sachsen“ am 19. August 2003 bei der Untersuchung einer linienbandkeramischen Siedlungsgrube in Zschernitz (Kreis Delitzsch) in Sachsen. Die Ausgrabungen erfolgten bei Prospektionsarbeiten zum Bau einer Trasse für eine Erdgasleitung der „Mitteldeutschen Gasversorgung GmbH“ („MITGAS“) in Zschernitz, etwa 20 Kilometer nordwestlich von Leipzig.

Bei dem sensationellen Fund von Zschernitz handelt es sich um das etwa acht Zentimeter hohe Fragment

von einer ursprünglich 25 bis 30 Zentimeter hohen Figur. Die Ausgräber bezeichneten den Fund bei einer Pressekonferenz am 21. August 2003 nach dem Vorbild weiblicher Figuren aus der europäischen Vorgeschichte – wie der „Venus von Willendorf" aus Österreich und der „Venus von Zauschwitz" in Sachsen – als „Adonis von Zschernitz". Die Liebesgöttin Venus und der Jäger Adonis waren in der antiken Mythologie ein Liebespaar.
Das Ungewöhnliche an dem Fund von Zschernitz ist sein imposantes männliches Geschlechtsteil. Alle anderen Skulpturen aus der frühen Jungsteinzeit (etwa 5500 bis 4500 v. Chr.) besitzen weibliche Geschlechtsmerkmale oder lassen sich keinem Geschlecht zuordnen.
Das Gesäß weist Einritzungen auf, die sehr unterschiedlich als Tätowierungen, Körperbemalung, Kleidungsstücke oder Textilmuster gedeutet werden.
Die Linienbandkeramiker besaßen offenbar auch Musikinstrumente. Darauf deutet der schon 1898 entdeckte Fund einer 25,8 Zentimeter langen und 12,8 Zentimeter hohen Schnecke vom Berg Ösel südlich von Wolfenbüttel in Niedersachsen hin, die – wie das abgenutzte Endstück nahelegt – vermutlich als Trompete diente. In „Abel Jonszoon Tasman's Journal" von 1642/43 werden drei in einem Boot befindliche Eingeborene aus der Südsee von Neu-Irland gezeigt, von denen einer solches Blasinstrument benutzt. Die Schnecke vom Ösel gehört der im Mittelmeer vorkommenden Art *Charonia nodifera* (früher *Tritonium*) an und dokumentiert damit Fernverbindungen bei Tauschgeschäften. Im Schneckengehäuse lagen zwölf Feuersteinstücke, dicht daneben sieben weitere.

Zerbrochenes Tongefäß (Kumpf),
der geflickt und mit Pech und Birkenrinde dekoriert wurde.
Dieser Fund lag im linienbandkeramischen Brunnen
von Altscherbitz (Stadt Schkeuditz) in Sachsen.

Zerbrochenes Tongefäß (Kumpf),
der mit Pech und Rinde geflickt wurde.
Dieser Fund stammt aus dem linienbandkeramischen Brunnen
von Altscherbitz (Stadt Schkeuditz) in Sachsen.

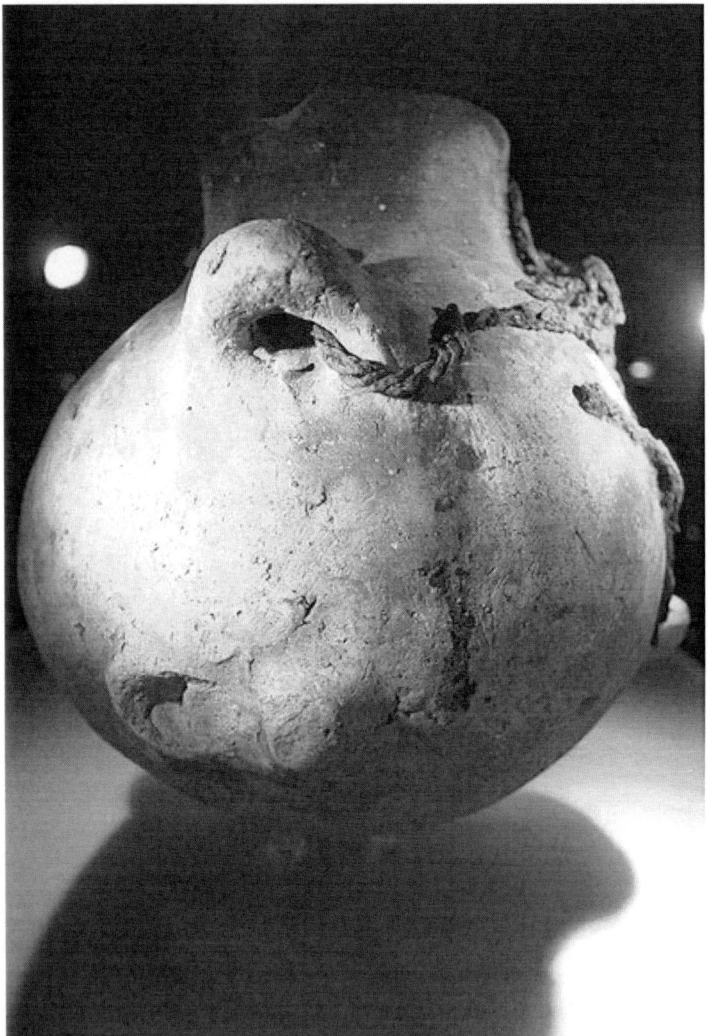

Tongefäß mit Schnuraufhängung aus einem Brunnen der Siedlung Herxheim bei Landau (Rheinland-Pfalz)

Aus Bretten (Kreis Karlsruhe) in Baden-Württemberg kennt man eine aus dem Mittelfußknochen eines Rindes geschaffene linienbandkeramische Knochenpfeife. Sie passt wie angegossen in die Hand zwischen Daumen und Zeigefinger. Beim Überblasen des Loches gibt das Instrument einen schrillen Pfeifton von sich, der sich je nach der Stellung des Mundes variieren läßt. Vielleicht handelte es sich dabei um ein Signalinstrument oder um eine Jagdpfeife zur Imitation von Vogelstimmen.
Die frei mit der Hand geformten und im Feuer gebrannten Tongefäße der Linienbandkeramischen Kultur wurden für die Aufbewahrung und Zubereitung pflanzlicher und tierischer Nahrung verwendet. Es gab Vorrats- und Transportgefäße, Kochtöpfe, Ess- und Trinkgeschirre, die sich sich in der Form unterschieden. Als charakaristische linienbandkeramische Formen gelten die Kalottenschale, der mehr oder weniger geschlossene Topf in Gestalt einer Dreiviertel- oder Dreifünftel-Hohlkugel (auch Kumpf genannt) und die Flasche. Daneben schuf man Sonderformen wie beispielsweise Tongefäße in Gestalt eines Schiffchens oder einer Tasche.
Viele Tongefäße waren auf einem großen Teil ihrer Oberfläche mit eingeritzten Linien oder Linienbändern verziert, nach denen diese Kultur benannt wurde. Zu den häufigsten Motiven zählen Spiralen, Wellenbänder, Mäander, Winkelmuster, aber auch gerade Linien, kurze Striche, Kerben, Grübchen oder Kreuze. Große und grobe Keramik, die überwiegend zu Vorratszwecken benutzt wurde, ließ man häufig unverziert. Hierzu werden unter anderem bauchig-flaschenartige Gefäße

(auch Butten genannt) mit Handhaben und Schnurösen gerechnet. Ösen oder Henkel an der Wand von Tongefäßen waren für die Aufnahme von Schnüren bestimmt, mit denen man das betreffende Objekt aufhängen und so seinen Inhalt vor Ungeziefer schützen konnte. Um das Ausbrechen der Gefäßwand an den mitunter kleinen Ösen zu verhindern, könnte man eine rundum laufende Schnur durch die Ösen gefädelt haben, an der Tragschnüre befestigt waren. Auf diese Art und Weise hängte man eventuell auch Kochtöpfe über das offene Feuer.

Die Tongefäße der ältesten Stufe der Linienbandkeramischen Kultur[5] haben noch starke Ähnlichkeit mit denjenigen der Körös-Kultur und der Starcevo-Kultur in Südosteuropa. Sie hatten im Gegensatz zu späteren Stufen Standböden. Erwähnenswert sind außerdem die besonderen Griffknöpfe auf manchen Tongefäßen. Dem für die Herstellung von Töpfen und Flaschen verwendeten Ton wurde Häcksel beigemengt.

Funde dieser ältesten Stufe der Linienbandkeramischen Kultur in Mitteleuropa kennt man aus Sachsen, Sachsen-Anhalt, Thüringen, Niedersachsen, Hessen, Bayern und Baden-Württemberg. Die Tongefäße der ältesten Stufe werden mit Bändern aus breit eingeritzten Rillen verziert. Während der darauffolgenden älteren Stufe gestaltete man die Rillen schmaler, und die Bänder wurden durch vereinzelte Gruppen von Einstichreihen aufgelockert. Ab der jüngeren Stufe bedeckten dann die Einstiche größere Flächen. Zuletzt entfielen die einrahmenden Ritzlinien, und die Stichreihen überwogen. Um den Arbeitsaufwand zu reduzieren, hat man die Bänder offensichtlich mit mehrzinkigen Geräten eingestochen. Manche Tongefäße der entwickelten Linienband-keramischen Kultur wurden auf der Aussenseite mit eingeritzten symbolischen Zeichen versehen. Diese sind bereits so abstrahiert, dass man ihren ursprünglichen Sinn kaum erschließen kann. Entsprechende Zeichen kennt man auch aus der Vinca-Kultur, die in Serbien, Siebenbürgen und im westlichen Teil Bulgariens heimisch war und zum Teil gleichzeitig mit der Linienbandkeramischen Kultur existierte. Die abstrahierten Zeichen gelangten aus dem Bereich der Vinca-Kultur in das Verbreitungsgebiet der Linienbandkeramischen Kultur. Die realistischen Vorbilder für diese Zeichen werden im Südosten bzw. im vorderasiatisch-mediterranen Raum vermutet. Die weitgehende Abstraktion der Zeichen deutet darauf hin, dass damit bereits das Stadium der einfachen Bilderschrift überschritten war. Archäologen vermuten, diese Zeichen stünden für bestimmte Ideen. Das würde bedeuten, dass es sich hier um eine Ideenschrift handelt, die man als eine Vorform auf dem Wege zur Herausbildung der Schrift im heutigen Sinn ansehen kann.

Die Linienbandkeramiker stellten Werkzeuge und Waffen aus unterschiedlichen Steinarten oder Knochen her. Der Rohstoff für diese Steingeräte wurde, wie erwähnt, oft von weither bezogen. Manche Steingeräte versah man mit einem hölzernen Schaft, der als Griff diente. Aus Feuerstein wurden beispielsweise verschiedene Formen von Kratzern, Klingen, Bohrern und Pfeilspitzen zurechtgeschlagen. Diese sind allesamt kleine Werkzeuge bzw. Waffenbestandteile. Anders als die

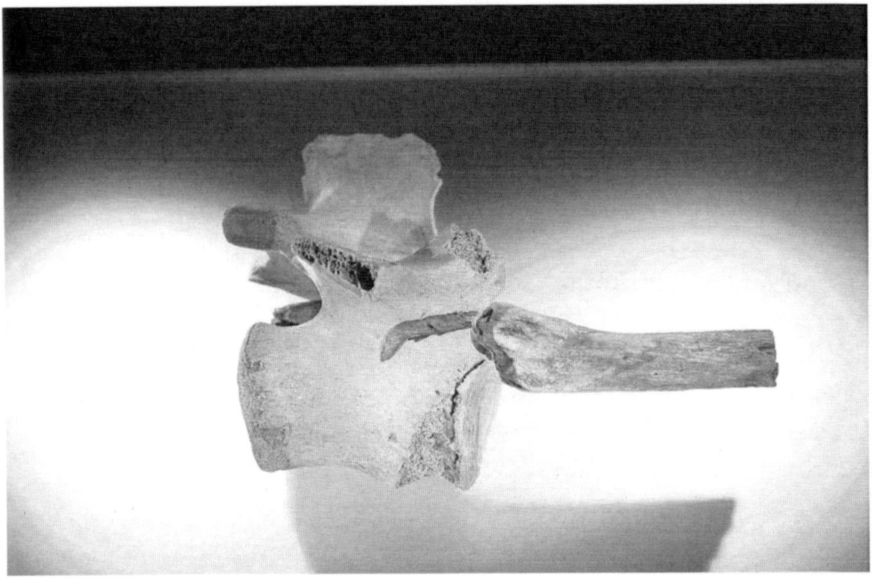

Hammer aus Knochen und Holz
aus dem Brunnen der linienbandkeramischen Siedlung Herxheim
bei Landau (Rheinland-Pfalz)

Fotos auf Seite 61:

Steinbeil (oben) und verzierte Knochenspitze (unten)
aus dem Brunnen von Altscherbitz (Stadt Schkeuditz)
in Sachsen

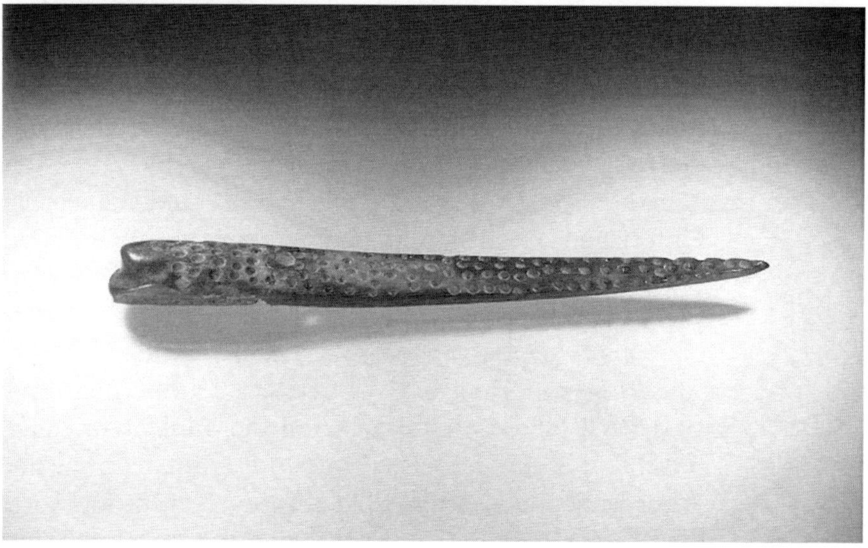

mittelsteinzeitlichen Jäger, Sammler und Fischer verwendeten die Linienbandkeramiker keinen Feuerstein für die Herstellung von Hiebgeräten.
Ein besonderes charakteristisches Steingerät hat man aus Felsgestein zurechtgeschliffen: den Dechsel, auch Schuhleistenkeil genannt. Dabei handelt es sich vermutlich um ein Holzbearbeitungsgerät. Der etwas unpassende Name Schuhleistenkeil erinnert an die Form eines gleichnamigen Schustergerätes. Die Unterseite ist eben, die Oberseite gewölbt. Die Schneide wurde einseitig geschärft, weshalb das Gerät einer Hobelklinge ähnelt. Viele Schuhleistenkeile sind aus graugrünem Amphibolit angefertigt, der anscheinend wegen seiner Härte besonders geschätzt wurde.
Zum Werkzeuginventar der Linienbandkeramiker gehörte außerdem die aus Felsgestein geschliffene Scheibenkeule. Man betrachtet sie als Bestandteil eines Schlaginstruments mit hölzernen Schaft. Eines der größten Steingeräte jener Zeit dürfte die bereits erwähnte Steinmühle mit Unterlieger und Läufer zum Mahlen von Getreidekörnern gewesen sein. Sie war bis zu einem halben Meter lang. Aus Felsgestein bestanden auch die Unterlagen bzw. Paletten, auf denen man Mineralfarbstoffe zu Pulver zerrieb.
Dreieckige Pfeilspitzen aus Feuerstein und Pfeilschaftglätter aus grobkörnigem Sandstein belegen die Verwendung von Pfeil und Bogen als Waffe. Allerdings sind Pfeilspitzen an Fundstellen der Linienbandkeramischen Kultur viel seltener als an Fundplätzen aus der vorhergehenden Mittelsteinzeit. Einer der Gründe dafür dürfte sein, dass die Jagd bei den frühen Bauern keine

große Rolle mehr spielte. Ein Pfeilschaftglätter wurde unter anderem in der bereits erwähnten Siedlung Eitzum bei Wolfenbüttel gefunden. In machen Gräbern von Linienbandkeramikern lagen Pfeilspitzen – meist vier Stück – am Hinterkopf oder der Schulterregion, wobei ihre Spitzen zum Scheitel des Verstorbenen gerichtet waren. Ihre Lage ließ erkennen, dass die dazugehörigen hölzernen Pfeilschäfte in einem Köcher steckten, der über der linken Schulter hing.

Manche Tierknochen verarbeitete man zu Pfriemen, Spitzen, Meißeln oder spachtelartigen Geräten (Spatulae). Mit Knochenpfriemen konnte man beispielsweise Tierhäute durchlochen.

Die Linienbandkeramiker haben ihre Toten meistens unverbrannt, manchmal jedoch auch verbrannt, in Siedlungen, Abfallgruben oder Friedhöfen bestattet. Der Leichnam wurde fast ausnahmslos mit leicht angezogenen Beinen und auf der linken Körperseite liegend zur letzten Ruhe gebettet – also als so genannter „liegender Hocker". Die größten Gräberfelder umfassen mehr als 300 Bestattungen. Viele Bestattungen wurden mit Beigaben versehen, die wohl für das Weiterleben im Jenseits gedacht gewesen sind.

Das bisher größte Gräberfeld im gesamten Verbreitungsgebiet der Linienbandkeramischen Kultur wurde in Schwetzingen[6] (Rhein-Neckar-Kreis) in Baden-Württemberg bei der Erschließungsarbeiten für ein neues Wohngebiet entdeckt. Bei den Ausgrabungen des Karlsruher Prähistoriker Rolf-Heiner Behrends seit Januar 1989 kamen etwa 200 Bestattungen zum Vorschein. Ursprünglich gehörten zu diesem Gräberfeld wohl 300 oder mehr Gräber. Bei den Bauarbeiten vor der Entdeckung des ersten Grabes sind etwa 25 Gräber zerstört worden. Zudem wurden schon vorher durch Bodenerosion und Beackerung des Geländes viele Gräber vernichtet. Die Zahl von drei nachgewiesenen Brandbestattungen ist auffällig niedrig. Da diese anscheinend flacher angelegt waren, dürften sie schon früh der landwirtschaftlichen Nutzung des Geländes zum Opfer gefallen sein.

Ein weiteres großes Gräberfeld wurde 1975 bei der Anlage einer Lehmgrube in Aiterhofen-Ödmühle (Kreis Straubing-Bogen) in Niederbayern entdeckt. Dort hatte man 160 Menschen unverbrannt und 69 verbrannt bestattet. Bei den Körperbestattungen handelte es sich um „liegende Hocker" in Schlafstellung. Mit der Verbrennung einzelner Toter sollte vielleicht deren Wiederkehr verhindert werden.

Ein anderes großes Gräberfeld fand man 1969 auf der Aldenhovener Platte bei Aldenhoven-Niedermerz (Kreis Düren) in Nordrhein-Westfalen. Dabei stellte man 103 Körperbestattungen und sechs sehr dicht an der Erdoberfläche liegende Brandgräber fest.

Etwas kleiner ist das schon seit 1901 bekannte Gräberfeld von Flomborn[7] (Kreis Alzey-Worms) in Rheinland-Pfalz. Hierbei handelte es sich durchwegs um „liegende Hocker", die jeweils mit angezogenen Beinen auf der linken Körperseite ruhten.

Auf dem Gräberfeld von Bruchstedt[8] (Unstrut-Hainich-Kreis) in Thüringen barg man 52 „liegende Hocker". Man hatte ihnen die Hände vor das Gesicht gelegt. Als Seltenheit wurde auch die Bauchlage beobachtet. Einmal fehlten beide Hände und Füße. Auffällig viele von der Regel abweichende Bestattungen hat man auf dem Gräberfeld von Sondershausen[9] in Thüringen beobachtet. Dort wurden neben 40 Hockergräbern auch acht Doppelbestattungen nachgewiesen, bei denen in drei Fällen ein „seitlicher Hocker" mit einem Skelett in Bauchlage gepaart war. Außerdem stieß man auf vier auf dem Bauch liegende Bestattungen und auf zwei Fälle von absichtlicher Leichenzerstückelung.

Auf dem Bauch, mit dem Gesicht zur Erde liegende Tote werden als Verstorbene gedeutet, denen man im Jenseits die Schlafstellung der „liegenden Hocker" verwehrte. Mit der Leichenzerstückelung wollte man vielleicht die Wiederkehr missliebiger Zeitgenossen verhindern.

Die 31 Bestatteten auf dem Gräberfeld von Senghofen[10] (Kreis Regensburg) in Bayern ruhten allesamt als „liegende Hocker" auf der linken Körperseite. Die Arme lagen so auf der Brust, dass die Hände die Kinnspitze berührten.

Dagegen wurden die Skelettreste von etwa 20 bis 25 Männern, Frauen, Jugendlichen und Kindern in Talheim (Kreis Heilbronn) in Baden-Württemberg ohne erkennbare Ordnung vorgefunden. Dies sowie die bereits erwähnten Verletzungsspuren deuten auf Opfer eines Überfalls hin.

Ein Kindergrab aus Quedlinburg in Sachsen-Anhalt zeigt, dass auch zur Zeit der Linienkeramischen Kultur vom Körper getrennte Schädel bestattet worden sind. Der Kinderschädel lag in einer großen unverzierten Tonschale, über die ein kleineres Gefäß gestülpt war.

Brandbestattungen kennt man außer vom erwähnten Fundort Aiterhofen-Ödmühle unter anderem aus Arnstadt in Thüringen und bei Mannheim-Seckenheim in Baden-Württemberg. In Arnstadt wurden die ausgeglühten Knochenreste von zehn nach dem Tode verbrannten Menschen in Behältnissen aus vergänglichem Material in geringer Tiefe deponiert. Die beigefügten Tongefäße enthielten nie solchen Leichenbrand.

Die Linienbandkeramiker haben die meisten ihrer Toten mit Beigaben versehen. Darin kommt der Glaube an ein Weiterleben im Jenseits zum Ausdruck. Als Grabbeigaben dienten vor allem Tongefäße (ein bis vier Stück), aber auch einzelne Flachhacken und Schuhleistenkeile, Mahlsteine, Pfeilspitzen sowie durchbohrte Schmuckstücke aus Schalen der *Spondylus*-Muschel und aus Hirschgeweih. Die den Verstorbenen beigegebenen Tongefäße dürften vermutlich mit Speisen oder Getränken gefüllt gewesen sein, die wohl als Nahrung dienen sollten. Eine aus dem Rahmen des Üblichen fallende Beigabe wurde im Grab eines Jungen in Schwetzingen beobachtet, der kurz vor dem Zahnwechsel gestorben war. Ihn hatte man mit einer Zeremonialaxt für das Jenseits ausgerüstet, die für den praktischen Gebrauch ungeeignet erscheint und deshalb wohl im Zusammenhang mit rituellen Handlungen gesehen werden muss.

Bei den weiblichen Skeletten fand man vereinzelt steinerne Schminkpaletten zusammen mit Rötel-, Ocker- oder Weichmanganerzstücken zum Schminken. Manchmal sind die Leichen mit der „Lebensfarbe“ Rot geschminkt worden. Das war beispielsweise bei der erwähnten Linienbandkeramikerin aus Wulfen (Kreis Anhalt-Bitterfeld) in Sachsen-Anhalt der Fall. Wegen der roten Farbe meinte ein an der Entdeckung beteiligter Arbeiter, die Tote müsse noch sehr stark geblutet haben.

Die religiösen Vorstellungen der Linienbandkeramiker waren von der Sorge der frühen Ackerbauern und Viehzüchter um das Gedeihen der Ernte und der Haustiere geprägt. Deshalb opferte man Getreide, Haustiere, kleine tier- und menschengestaltige Statuen aus Ton und sogar Menschen. Die Opfer wurden vermutlich zu Ehren einer Fruchtbarkeitsgottheit dargebracht, deren Sitz man im Schoß der Erde oder in Höhlen vermutete. Diese Wesen wollte man durch die Gaben gnädig stimmen. Mit dem Kult in Verbindung haben vielleicht auch Amulette und Gefäße aus Ton mit Darstellungen von Menschen gestanden. Als Kultobjekt betrachtet man das Bruchstück eines wohl einst mit zwei Löchern versehenen Amulettes aus Ton, das in Ballenstedt (Kreis Quedlinburg) in Sachsen-Anhalt gefunden wurde. Seine Vorderseite ist gewölbt, die Rückseite dagegen eben. Beide Seiten sind auch mit eingeritzten menschengestaltigen Darstellungen versehen worden, derentwegen man diesen Fund in den religiös-kultischen Bereich verweist. Auf der Vorderseite sind unter anderem drei M-Zeichen zu erkennen. Der auf der Rückseite abgebildete Unterkörper einer menschlichen Gestalt wird wegen eines kurzen dreilinigen Bandes im Zwickel als Gebärakt oder phallisches Motiv gedeutet.

Eine wichtige Rolle im Kult hatten die menschengestaltigen Tonfiguren. Untersuchungen zeigten, dass man an dem Ton dafür bei der Herstellung gelegentlich Getreidemehl beimengte. Den Grund kennt man bislang nicht. Ein Befund aus Eilsleben bei Magdeburg in Sachsen-Anhalt deutet darauf hin, dass die Tonstatuetten zusammen mit Menschen geopfert wurden. Dort hatte man in Gruben Skeletteile von zerstückelten Menschen entdeckt. Besonders bedeutungsvoll war dabei, dass sich in einer Grube ein menschliches Bein zusammen mit einem Schädelfragment und dem Bruchstück einer menschlichen Tonfigur befand. Man hatte also neben den Menschen auch eine Tonfigur zerstückelt.

Da bisher keine der menschengestaltigen Figuren aus der Linienbandkeramischen Kultur komplett überliefert geborgen wurde, nimmt der Prähistoriker Dieter Kaufmann aus Halle/Saale an, dass diese in all den Fällen, in den keine Skelettreste vorlagen, als Ersatz für Menschenopfer dienten. Nach seiner Auffassung mussten nicht bei jeder Opferhandlung Menschen ihr Leben lassen. Dies hätte bald zum Aussterben der Linienbandkeramiker geführt.

Menschen wurden vermutlich einmal im Jahr bei einer Feier durch eine größere Gemeinschaft geopfert. Dies geschah möglicherweise an Orten, die zuvor Schauplatz unerklärlicher Naturphänomene – wie Blitzschlag, Erdbeben oder Überschwemmung – gewesen waren. Vorstellbar ist aber auch, dass die Opferhandlung dort stattfand, wo man den Sitz der unterirdischen Fruchtbarkeitsgöttin vermutete. Dort wurde dann der komplette Körper oder nur Teile desselben vergraben. Opfer eines ganzen menschlichen Körpers bzw. nur von einem Schädel, einer Hand oder einem Fuß kennt man aus Eilsleben. Das bedauerliche Opfer kam offensichtlich aus den eigenen Reihen. Vor einigen Jahrzehnten hatte man noch angenommen, die Linienbandkeramiker hätten Kopfjagden auf die letzten mittelsteinzeitlichen Jäger, Fischer und Sammler veranstaltet und aus deren Reihen die Opfer rekrutiert.

In Eilsleben ist in einem Fall auch ein Mensch zusammen mit einem Tier geopfert worden. Über einer 17- bis 19-jährigen Frau lag der Schädel eines weiblichen Auerochsen mit abgeschlagenen Hornzapfen und Schlagverletzungen in der Strin. Als Opferhandlungen werden auch Bestattungen von Menschen innerhalb linienbandkeramischer Siedlungen interpretiert, die zumeist in Abfallgruben gefunden wurden.

Weniger makaber ging es bei den Opferzeremonien einzelner Familien zu. Dabei brachte man keine blutigen Menschen- und Tieropfer, sondern menschen- und tiergestaltige Tonfiguren als Ersatzopfer dar. Diese Tonfiguren wurden von den Linienbandkeramikern als lebendige Menschen betrachtet, absichtlich zerstückelt und dann auf Äckern oder in Siedlungen vergraben. Bei den menschengestaltigen Figuren handelte es sich überwiegend um Frauen.

Manche Prähistoriker nehmen an, die Linienbandkeramiker hätten anlässlich der Errichtung eines Hauses auch so genannte Bauopfer dargebracht. Als solche Opfer werden beispielsweise Funde von Feuersteinklingen in Pfostengruben von Häusern der Siedlung

Jungfernhöhle auf dem Schlossberg bei Tiefenellern (Kreis Bamberg) in Oberfranken

Köln-Lindenthal und sieben mit roten Farbspuren versehene Schuhleistenkeile aus Dresden-Nickern erwogen. Um Bauopfer soll es sich auch bei den menschlichen Skelettresten in den Siedlungen von Butzbach und Griedel (beide Wetteraukreis) sowie von Gudensberg (Schwalm-Eder-Kreis) in Hessen ahndeln. Dadurch erhoffte man sich offenbar Wohlergehen für die Bewohner.

Das eindrucksvollste Beispiel von Menschenopfern und rituell motiviertem Kannibalismus der Linienbandkeramiker sind die Funde aus der Jungfernhöhle auf dem Schlossberg bei Tiefenellern (Kreis Bamberg) in Bayern. Dort hat man vor allem Frauen, Jugendliche und Kinder zu bestimmten Anlässen geopfert. Vielleicht handelte es sich dabei um ein alljährlich dargebrachtes Fruchtbarkeitsopfer.

Die Entdeckungsgeschichte dieser Kultstätte begann damit, dass der „Schatzsucher" Georg Zimmer aus Tiefenellern Ende 1951 im engen Schlund der Jungfernhöhle Tongefäßscherben, Steingeräte sowie Tier- und Menschenknochen fand. Als Bamberger Wissenschaftler davon erfuhren, veranlassten sie eine Untersuchung durch das Bayerische Landesamt für Denkmalpflege. Die Ausgrabung erfolgte 1952, daran schlossen sich 1953 und 1954 Nachuntersuchungen an. Um die Erforschung der Jungfernhöhle hat sich der Münchener Prähistoriker Otto Kunkel[11] (1895–1960) verdient gemacht.

Die Ausgräber trafen in den Jungfernhöhle ein wirres Durcheinander von Tonscherben, Steingeräten, Rötelstückchen, Holzkohleresten sowie von Tier- und

Menschenknochen an. Nach den Keramikresten zu schließen, stammten die ältesten Funde aus der jüngeren Linienbandkeramischen Kultur. Insgesamt wurden in der Jungfernhöhle Knochen von 38 Personen geborgen, bei denen es sich wohl überwiegend um Linienbandkeramiker handelte. Die Untersuchung der Menschenknochen zeigte, dass sie mit einer einzigen Ausnahme von Frauen, Jugendlichen und Kinder stammten. Unter den 38 Toten befanden sich zehn Erwachsene über 18 bis 20 Jahren, fünf Jugendliche zwischen 12 und 14 Jahren, zehn Kinder zwischen 5 bis 7 Jahren, acht Kinder zwischen 3 und 4 Jahren und fünf Kleinkinder bis zu einem Jahr und wenig drüber. Es handelte sich also dabei um die schwächsten Mitglieder der Gesellschaft.

Die menschlichen Skelettreste in der Jungfernhöhle befanden sich alle nicht mehr in ihrer ursprünglichen Lage. Sie sind wie Abfall durch die kleine Höhlenpforte und teilweise auch durch einen engen Kamin im Höhlendach geworfen worden und mit großer Wucht auf dem schräg verlaufenden Höhlenboden aufgetroffen. Jede neue Zufuhr hat die Unordnung verstärkt. An den Skelettresten konnte man zahlreiche Manipulationen beobachten. Schon während der Ausgrabung fiel auf, dass den Kiefern die Vorderzähne fehlten. Insgesamt wurden an den Kiefern mindestens 500 Vorderzähne vermisst, von denen nur 21 lose in der Höhle gefunden werden konnten. Die anderen können unmöglich alle übersehen worden sein.

Der Zustand der Zahnfächer zeigt, dass die Zähne unmittelbar vor oder nach dem Tode herausgerissen wurden. Dies traf bei allen Kiefern zu, bei denen schon einwurzelige Zähne durchgebrochen waren. Was mit den menschlichen Zähnen geschehen sein könnte, deutet der Fund von 29 durchbohrten Menschenzähnen aus einer Siedlungsgrube der Linienbandkeramischen Kultur von Werneck-Zeusleben (Kreis Schweinfurt) in Bayern an: Sie dienten vermutlich als Bestandteile einer Halskette, die möglicherweise eine magische Funktion hatte.

Auffällig sind außerdem in der Jungfernhöhle die Verletzungsspuren an Schädeldächern, Hirnkapseln und größeren Röhrenknochen. Von den Schädeldächern barg man überwiegend nur Schuppen. In den Fällen, in denen man Hirnkapseln mehr oder minder zusammensetzen konnte, deuten gleichartige Beschädigungen auf eine gezielte Öffnung hin. An den langen Röhrenknochen wurden häufig die Gelenkteile abgeschlagen. Einzelne Menschen- und Tierknochen weisen deutliche Brandspuren auf. All diese Befunde lassen sich am besten damit erklären, dass man nach bestimmten Gesichtspunkten ausgewählte Menschen getötet, ihre Hirnkapseln und Markknochen geöffnet sowie die Vorderzähne herausgerissen hat. Wahrscheinlich geschah es im Rahmen eines Rituals mit kannibalischem Hintergrund.

Diese Menschenopfer dürften von den Bewohnern einer etwa 500 Meter von der Jungfernhöhle entfernten zeitgleichen Siedlung praktiziert worden sein. Während des Bestehens dieser Siedlung tat sich vermutlich infolge eines Felseinsturzes, dessen Trümmer bei den Ausgrabungen vorgefunden wurden, eine Kluft auf und gab Einblick in das Dunkel der darunterliegenden

Jungfernhöhle. Das unheimliche Erlebnis hat nach der Meinung von Otto Kunkel die Dorfbewohner bewogen, den geheimnisvollen Erdschlund, in dem man offenbar eine unterirdische Macht vermutete, durch das Opfern eines Ferkels als Kultstätte in Gebrauch zu nehmen. Diese Handlung ist durch archäologische Funde belegt. Die späteren Rituale, bei denen ebenfalls Tiere, aber auch Menschen geopfert wurden, fanden auf dem kleinen Plateau abseits des Felsdaches statt. Das dabei benutzte, zumeist zertrümmerte Tongeschirr, wurde zusammen mit Stein-, Knochen- und Horngerät, Rötel- und Holzkohlebröckchen sowie Tier- und Menschenresten aufgesammelt und durch die ebenerdige Höhlenpforte oder durch den Kamin geworfen. Die Rötelstückchen, Reibeplättchen und -kiesel im Fundgut wurden wahrscheinlich zum Schminken des Gesichtes oder Bemalen des Körpers der an dem Ritual Beteiligten verwendet. Ob es sich bei den Opfern um Menschen aus dem nahen Dorf oder um Fremde handelte, weiß man nicht. Keramikreste der später auftretenden Rössener Kultur (etwa 4600 bis 4300 v. Chr.) in der Jungfernhöhle deuten darauf hin, dass auch die Menschen dieser Kultur einen ähnlichen mit Menschenopfern verbundenen Kult gepflogen haben.

Hinweise auf rituelle Tötungen von Menschen, die mit kultischem Kannibalismus verknüpft sind, kennt man auch aus der Höhle Hanseles Hohl[12] (Kreis Donau-Ries) in Bayern sowie von den Freilandfundstellen Ober-Hörgern[13] (Wetteraukreis)und Wiesbaden-Erbenheim, beide in Hessen, und von Zauschwitz (Kreis Borna) in Sachsen.

In der größtenteils zusammengestürzten Höhle Hanseles Hohl am Nordabhang des Michelsberges bei Fronhofen stieß man 1925 bei Grabungen auf zertrümmerte Menschenknochen von etwa zehn Personen. Nach den Begleitfunden zu schließen, handelte es sich um Linienbandkeramiker.

Bei Ober-Hörgern barg man in einigen Abfallgruben neben Resten von Haus- und Wildtieren auch Schädelteile und größere Teile linker Schienbeinschäfte. Vor allem letztere wiesen Spuren von Kannibalismus auf. Die Schienbeinschäfte waren allesamt längs aufgespalten worden, damit man das Knochenmark entnehmen und verzehren konnte. An einem Unterkiefer markieren tiefe Schnittkerben jene Stellen, an denen man versucht hatte, die Kaumuskulatur zu durchtrennen, um den Unterkiefer vom Kopf lösen zu können.

An Kannibalismus lassen auch die Knochenreste von mindestens drei Männern, zwei Frauen, einem Jugendlichen und drei Kindern von Wiesbaden-Erbenheim denken. Sie wurden in einer Grube der 1978 beim Straßenbau entdeckten Siedlung entdeckt und lagen auf einer Fläche von etwa zwei mal zwei Metern ungeordnet durcheinander.

In Zauschwitz fand man in einer Grube mit Gefäßresten der jüngeren Linienbandkeramischen Kultur zerschlagene Schädelteile und Röhrenknochen von mindestens fünf Menschen vrschiedenen Alters. Manche Teile der Schädelstücke hatten an den Außenseiten starke Brandspuren. Wegen der Verletzungs- und Brandspuren gelten diese Skelettreste als Dokumente für kultisch motivierten Kannibalismus. Dagegen handelt es sich

Foto auf Seite 77:

Schädel eines Linienbandkeramikers
aus der Siedlung von Herxheim bei Landau in Rheinland-Pfalz.
Original im Museum des Institutes für Geowissenschaften
an der Ruprecht-Karls-Universität in Heidelberg,
Foto: Armin Kübelbeeck / CC-BY-SA3.0
(via Wikimedia Commons),

bei den bereits erwähnten Hockergräbern an diesem Fundort um reguläre Bestattungen.
Kannibalismus ist vielleicht auch im Erdwerk von Herxheim[14] bei Landau (Pfalz) nachgewiesen. An manchen Skelettresten der insgesamt mindestens 450 Personen entdeckte man deutliche Spuren einer systematischen Zerlegung der Körper wie Heraustrennen der Wirbelsäule, Zerschlagung markreicher Knochen und das Fehlen markreicher Skelettteile. Die Funde aus Herxheim lösten einen Riesenrummel und maßlos übertriebene Schilderungen in den Medien aus. Das Hamburger Nachrichten-Magazin „Der Spiegel" beispielsweise berichtete unter der Überschrift „Die Menschenschlachter von Herxheim", in der Pfalz hätten Forscher mehr als 500 Tote gefunden, bei denen vor 7000 Jahren das Fleisch wie bei Schlachtvieh von den Knochen geschabt worden sei. Die Ausgräber hätten den Verdacht, diese Menschen seien verspeist worden und hätten sich offenbar freiwillig geopfert. Wer den „Spiegel""-Artikel genau las, erfuhr aber, dass ein Anthropologe lediglich Knochenstücke von mindestens zehn Menschen untersucht hatte. Herxheim wurde unter anderem auch als zentraler Kultplatz der Linearbandkeramiker gedeutet, wohin Tote, die anderswo schon einmal bestattet waren, gebracht und noch einmal beigesetzt wurden. Außerdem spekulierte man über ein gewaltsames Massaker mit vielen Todesopfern.
Der Berliner Prähistoriker Hans Quitta vertritt die These, der rituelle Kannibalismus der Linienbandkeramiker könnte mit zeitweiligen Trockenphasen in Verbindung gestanden haben.Demnach hätten die

Linienbandkeramiker versucht, durch Menschenopfer einer Besserung dieses Zustandes zu erreichen. Allerdings gilt das Atlantikum, in dem die Linienbandkeramische Kultur auftrat, als eine von einem feuchten und warmen Klima beherrschte Zeitspanne.

Über die Holzbautechnik, den Getreidebau, die Keramik, die Kunst sowie über die Kleider-, Hut- und Frisurenmode vor rund 7500 Jahren informiert das 2010 eröffnete „Bandkeramik-Museum“ in Schwanfeld (Kreis Schweinfurt) in Unterfranken. Dort waren ab 1979 bei Grabungen des Frankfurter Prähistorikers Jens Lüning Siedlungsreste aus der ältesten Zeit der Linienbandkeramiker entdeckt worden. Öffnungszeiten: jeden Sonntag von 14 bis 17 Uhr.

Anmerkungen

1) Die Entdeckungsgeschichte des Gräberfeldes Viesenhäuser Hof begann 1972 damit, dass der Sammler Gerhard Lämmle aus Hochberg auf einer größeren Fläche ausgepflügte menschliche Skelettreste beobachtete. Von Mai bis August 1982 führte der Stuttgarter Prähistoriker Jörg Biel eine Ausgrabung durch.
2) Das Massengrab bei Talheim wurde entdeckt, als der Landwirt Erhard Schoch auf dem Gelände seines Aussiedlerhofes ein Frühbeet aushob und dabei auf menschliche Skelettreste stieß. Er meldete die Funde beim Rathaus in Talheim. Im Frühjahr 1983 nahmen die Mitarbeiter des Landesdenkmalamtes Stuttgart, Eugen Stauss uund Gerald Weißhuhn, eine Notbergung vor. Im Frühjahr 1984 folgte eine Grabung durch Jörg Biel.
3) In Eberstadt hat 1913 der damals in Marburg wirkende Prähistoriker Walter Bremer (1887–1926) gegraben.
4) Die Siedlung auf dem Nachtwiesen-Berg bei Esbeck wurde im Sommer 1981 bei einer Sondiergrabung der Außenstelle Braunschweig des Instituts für Denkmalpflege untersucht. Die Fundstelle wurde durch die Familie Germer aus Esbeck entdeckt.
5) Die älteste Stufe der Linienbandkeramischen Kultur wurde 1956 durch den Prager Prähistoriker Evzen Neustupny beschrieben.
6) Das Gräberfeld in Schwetzingen wurde im Herbst 1988 durch den ehrenamtlichen Mitarbeiter der Archäologischen Denkmalpflege des Landesdenkmal-

amtes Baden-Württemberg Karl Fichtner aus Schwetzingen, entdeckt. Er ist von Beruf Versicherungskaufmann, beobachtet aber schon seit alle Baustellen im Bereich seiner Heimatstadt.

7) Das Gräberfeld von Flomborn wurde 1901 durch den Arzt Karl Koehl (1847–1929) aus Worms entdeckt.

8) In Bruchstedt wurden bereits 1933 zwei Gräber und 1950 zwei weitere entdeckt und zerstört. Bei der Anlage eines Maissilos im Herbst 1958 wurde das Gräberfeld zum dritten Male angeschnitten. Dabei hat man acht Bestattungen zerstört. Bei Bergungsarbeiten wurden sechs weitere Bestattungen geborgen. 1959 sind die Rettungsgrabungen fortgesetzt worden. Im Juni 1959 waren bereits mehr als 50 Bestattungen bekannt.

9) Das Gräberfeld von Sondershausen wurde 1949, 1952 und 1955 erforscht.

10) Das Gräberfeld von Sengkofen wurde 1972 durch die Brüder Robert und Gerhard Pleyer aus Regensburg entdeckt, die auf einem Acker an neun Stellen ausgepflügte menschliche Skelettreste fanden. 1972 erfolgte eine Notgrabung und 1973 eine Ausgrabung des Gräberfeldes.

11) Otto Kunkel war von 1953 bis 1960 Direktor der Prähistorischen Staatssammlung in München.

12) Der Name der Höhle Hanseles Hohl beruht darauf, dass nach der Fronhofer Überlieferung und dem Eintrag ins Kirchenbuch von Unterringen der im Dreißigjährigen Krieg allein in Fronhofen zurückgebliebene Hansele in dieser Höhle Zuflucht fand.

13) In Ober-Hörgern nahmen 1986 die damals in Frankfurt tätige Archäologin Gail Larrabee und der

ehrenamtliche Mitarbeiter des Landesdenkmalamtes, Abteilung Vor- und Frühgeschichte, in Wiesbaden, Winfrid Schunk aus Butzbach, Notbergungen vor.

14) Das Erdwerk in Herxheim bei Landau wurde im März 1996 bei großflächigen Grabungen der Archäologischen Denkmalpflege Speyer entdeckt. Es kam im Osten des zukünftigen „Gewerbeparks West“ zum Vorschein, der 1995 von der Gemeinde Herxheim ausgewiesen wurde. Um die dort zu erwartenden zahlreichen Siedlungsplätze zu dokumentieren und Funde zu bergen, begannen 1995 erste Grabungen.

Literatur

ALBERT, Siegfried: Zwei seltene ovale Keramikformen der Jungsteinzeit. Fundberichte aus Baden-Württemberg, S. 141–176, Stuttgart 1986.

ANKEL, Cornelius/MEIER-ARENDT, Walter: Eine linienbandkeramische Tierplastik aus Nieder-Weisel, Kreis Freidberg (Oberhessen). Germania, S. 1–8, Berlin 1965.

AUFDERMAUER, Jörg / DIECKMANN, Bodo / FRITSCH, Barbara: Die Untersuchungen in der bandkeramischen Siedlung bei Hilzingen, Kreis Konstanz. Archäologische Ausgrabungen in Baden-Württemberg 1985, S. 36–41, Stuttgart 1986.

AUFDERMAUER, Jörg / DIECKMANN, Bodo / FRITSCH, Barbara: Die Untersuchungen in der bandkeramischen Siedlung bei Singen am Hohentwiel, Kreis Konstanz. Archäologische Ausgrabungen in Baden-Württemberg 1985, S. 51–54, Stuttgart 1986.

BACH, Herbert / BACH, Adelheid: Paläanthropologie im Mittelbe-Saale-Werra-Gebiet. Beiträge zur Rekonstruktion der biologischen Situation ur- und frühgeschichtlicher Bevölkerungen, Weimarer Monographien zur Ur- und Frühgeschichte, Weimar 1989.

BEHRENDS, Rolf-Heiner: Ein Gräberfeld der Bandkeramik von Schwetzingen. Aus: Archäologische Ausgrabungen in Baden-Württemberg 1989, S. 45–48, Stuttgart 1990.

BERNHARD, Günther: Die linearbandkeramische Siedlung von Köln-Lindenthal. Eine Neubearbeitung. Kölner Jahrbuch, S. 7–165, Köln 1986.
BERNHARD, Wolfram: Anthropologie der Bandkeramik. Fundamenta, Reihe B, S. 128–163, Köln 1978.
BIEL, Jörg: Ein bandkeramischer Friedhof beim Viesenhäuser Hof, Stuttgart-Mühlhausen. Archäologische Ausgrabungen in Baden-Württemberg 1982, S. 29–32, Stuttgart 1983.
BÖTTCHER, Gert: Eine Siedlung der Linienbandkeramik von Tornau, Kreis Hohenmölsen. Jahresschrift für mitteldeutsche Vorgeschichte, S. 121–216, Halle/ Saale 1963.
BUSCH, Ralf: Eine Schnecke *(Charonia nodifera)* mit Feuersteindepot vom Ösel bei Wolfenbüttel. Frühe Bauernkulturen in Niedersachsen, S. 177/178, Oldenburg 1983.
CLASON, Antje T.: Die Tierknochen. Aus: Modderman, Pieter J.R.: Die neolithische Besiedlung von Hienheim I. Materialhefte zur Bayrischen Vorgeschichte, S. 101–116, Kallmünz 1977.
DEHN, Wolfgang: Ein bandkeramisches Tiergefäß von Herkheim im Ries. Germania, S. 1-5, Berlin 1944–1950.
DEHN, Wolfgang/Sangmeister, Edward: Die Steinzeit im Ries. Materialhefte zur Bayrischen Vorgeschichte, Kallmünz 1954.
DOHRN-IHMIG, Margarete: Das bandkeramische Gräberfeld von Aldenhoven-Niedermerz, Kreis Düren. Rheinische Ausgrabungen, Bonn 1983.
ENDRICH, Peter: Vor- und Frühgeschichte des

bayrischen Untermainsgebietes, Veröffentlichungen des Geschichts- und Kunstvereins Aschaffenburg e.V., Aschaffenburg 1961.

FANSA, Mamoun / KAMPFMEYER, Ulrich: Vom Jäger und Sammler zum Ackerbauern. Ausgrabungen in Niedersachsen. Archäologische Denkmalpflege 1979 bis 1984, S. 108–111, Stuttgart 1985.

FANSA, Mamoun / THIEME, Hartmut: Eine Siedlung und Befestigungsanlage der Bandkeramik auf dem „Nachtwiesen-Berg" bei Esbeck, Stadt Schöningen, Ldkr. Helmstedt. Ausgrabungen in Niedersachsen. Archäologische Denkmalpflege 1979 bis 1984, S. 87–92, Stuttgart 1985.

FISCHER, Ulrich: Aus Frankfurts Vorgeschichte, Frankfurt 1971.

GAEBELE, Hartmut: Menschliche Skelettfunde der jüngeren Steinzeit und der frühen Bronzezeit aus Württemberg und Hohenzollern, Tübingen 1968.

GERHARDT, Kurt: Über die Paläoanthropologie des Neolithikums in Süddeutschland. Fundamenta, Reihe B, S. 44-65, Köln 1978.

GRIMM, Hans: Paläopathologische Befunde an Menschenresten aus dem Neolithikum in der DDR als Hinweise auf den Lebenslauf und die Krankheitsbelastung. Ausgrabungen und Funde, S. 268–276, Berlin 1976.

GRIMM, Paul: Die vor- und frühgeschichtliche Besiedlung des Unterharzes und seines Vorlandes auf Grund der Bodenfunde. Jahresschrift für die Vorgeschichte der sächsisch-thüringischen Länder, Halle/Saale 1930.

HÄUSSER, Annemarie (Herausgeber): Krieg oder Frieden? Herxheim vor 7000 Jahren. Katalog zur Sonderausstellung, Herxheim 1998.
HERRMANN, Fritz Rudolf: Die bandkeramische Siedlung im Stadtgebiet von Friedberg. Wetterauer Geschichtsblätter, S. 1–13, Friedberg 1957.
HÖCKMANN, Olaf: Menschliche Darstellungen in der bandkeramischen Kultur. Jahrbuch des Römisch-Germanischen Zentralmuseums Mainz, S. 94–103, Mainz 1970.
HÖCKMANN, Olaf: Ein Statuettenteil aus der ältesten Linienbandkeramik von Goddelau, Kr. Groß-Gerau. Archäologisches Korrespondenzblatt, S. 15–24, Mainz 1988.
HOFFMANN, Edith: Zur Problematik der bandkeramischen Brandbestattungen in Mitteleuropa. Jahresschrift für mitteldeutsche Vorgeschichte, S. 71–103,
HÖHN, Birgit: Ausgrabungen in der bandkeramischen Siedlung von Bietigheim-Bissingen, Kreis Ludwigsburg. Archäologische Ausgrabungen in Baden-Württemberg, S. 41–45, Stuttgart 1986.
HOPF, Maria: Vor- und frühgeschichtliche Kulturpflanzen aus dem nördlichen Deutschland, Mainz 1982.
HOPF, Maria / BLANKENHORN, Gerd: Kultur- und Nutzpflanzen aus vor- und frühgeschichtlichen Grabungen Süddeutschlands, Bericht der Bayrischen Bodendenkmalpflege 1983/84, S. 76–111, München 1986.
JOACHIM, Hans-Eckart: Ein Tag bei den Jungsteinzeitlern. So lebten die ersten Bauern und

Viehzüchter in unserer Heimat. Allgemeine Zeitung, Mainz, Wochenend-Journal, 26. August 1989.
KAHLKE, Hans Dietrich: Ein Gräberfeld mit Bandkeramik im Stadtgebiet von Sondershausen. Ausgrabungen und Funde, S. 180–182, Berlin 1958.
KAHLKE, Hans Dietrich: Ein Gräberfeld mit Linienbandkeramik von Bruchstedt, Kr. Langensalza. Ausgrabungen und Funde, S. 229–233, Berlin 1959.
KAUFMANN, Dieter: Ein linienbandkeramisches Amulett von Ballenstedt, Kr. Quedlinburg. Ausgrabungen und Funde, S. 26–28, Berlin 1968.
KAUFMANN, Dieter: Linienbandkeramische Kultgegenstände aus dem Elbe-Saale-Gebiet. Jahresschrift für mitteldeutsche Vorgeschichte, S. 61–96, Halle/Saale 1976.
KAUFMANN, Dieter: Die ältestlinienbandkeramischen Funde von Eilsleben, Kr. Wanzleben, und der Beginn des Neolithikums in Mittelelbe-Saale-Gebiet. Nachrichten aus Niedersachsens Urgeschichte, S. 171–202, Hildesheim 1983.
KAUFMANN, Dieter: Kultische Äußerungen im Frühneolithikum des Elbe-Saale-Gebietes. Aus: Schlette, Friedrich/Kaufmann, Dieter: Religion und Kult in ur- und frühgeschichtlicher Zeit, S. 111–139, Berlin 1989.
KLOPFLEISCH, Friedrich: Die Grabhügel von Leubingen, Sömmerda und Nienstedt. Vorangehend: Allgemeine Einleitung. Charakteristik und Zeitfolge der Keramik Mitteldeutschlands. Aus: Vorgeschichtliche Alterthümer der Provinz Sachsen und angrenzender Gebiete, Heft I und II, S. 92–102, Halle/Saale 1883 und 1884.

KNEIPP, Jürgen / BÜTTNER, Herbert: Anthropophagie in der jüngsten Bandkeramik der Wetterau, Germania, S. 489–497, Frankfurt 1988.
KRAFT, Hans Peter: Eine jungsteinzeitliche Knochenpfeife aus Bretten. Archäologische Nachrichten aus Baden, S. 8–10, Freiburg 1971.
KUNKEL, Otto: Die Jungfernhöhle eine neolithische Kultstätte in Oberfranken. Aus: Neue Ausgrabungen in Deutschland, S. 54–67, Berlin 1958.
KUPFER, Rudolph/ LÜNING, Jens: Untersuchungen zur Neolithischen Besiedlung der Aldenhovener Platte. Aus: Ausgrabungen in Deutschland. Teil 1. Vorgeschichte-Römerzeit, S. 85–97, Mainz 1975.
Laser, Rudolf: Eine bandkeramische Hockerbestattung mit Spondylusschmuck aus Wulfen, Kr. Köthen: Jahresschrift für mitteldeutsche Vorgeschichte, S. 90–100, Halle/Saale1959.
LEHNER, Hans: Prähistorische Ansiedlungen bei Plaidt an der Nette, Bonner Jahrbücher, S. 271–310, Bonn 1912.
LEYDEN, Alexander: Zu den Befestigungsanlagen der bandkeramischen Siedlung von Plaidt. Bonner Jahrbücher, S. 1-3, Bonn 1962.
LÜNING, Jens: Zur Verbreitung und Datierung bandkeramischer Erdwerke, Archäologisches Korrespndenzblatt, S. 155–158, Mainz 1988.
LÜNING, Jens/ BRANDT, Detlef von / JOACHIM, Hans-Eckart: Vom Befund zum Lebensbild, Bandkeramische Besiedlung im Merzbachtal. Das Rheinische Landesmuseum Bonn, S. 5–10, Bonn 1989.
MAY, Eberhard: Haustiere früher Bauernkulturen in

Niedersachsen. Frühe Bauernkulturen in Niedersachsen, S. 221–227, Oldenburg 1983.
MEIER-ARENDT, Walter: Die bandkeramische Kultur im Untermaingebiet, Bonn 1966.
MERHART, Gero von: Werner Buttler, Prähistorische Zeitschrift, S. 479-482, Berlin 1939/40.
MODDERMAN, Pieter J.R.: Ausgrabungen in Hienheim, Ldkr. Kelheim. Jahresbericht der Bayrischen Bodendenkmalpflege 10 – 1969, S. 7–26, München 1971.
MÜLLER, Hanns-Hermann: Die Haustiere der mitteldeutschen Bandkeramiker. Naturwissenschaftliche Beiträge zur Vor- und Frühgeschichte. Teil I, Berlin 1964.
NEUMANN, Gotthard: Dr. Friedrich Klopfleisch, Professor der Kunstgeschichte an der Universität Jena, Begründer der thüringischen Urgeschichtsforschung. Mannus, S. 134–136, Leipzig 1932.
NEUSTUPNY, Evzen: K relativní chronologii volutové keramiky – A la chronologie relative de la céramique spiralée. Archaeologické rozhledy VIII, S. 373, 386–407, 453–455, 461–462, Prag 1956.
OELMANN, Franz: Zur Erinnerung an Hans Lehner, Bonner Jahrbücher, S. 304-311, Bonn 1938.
OSTERHAUS, Udo: Das bandkeramische Gräberfeld von Aiterhofen-Ödmühle, Landkreis Straubing-Bogen, Niederbayern. Das archäologische Jahr in Bayern 1980, S. 58–59, Stuttgart 1981.
OSTERHAUS, Udo / PLEYER, Robert: Ein bandkeramisches Gräberfeld bei Sengkofen, Ldkr. Regensburg. Archäologisches Korrespondenzblatt, S. 399–404, Mainz 1973.

OZOLS, Jacob: Der Röntgenstil. Ein Beitrag zur vorgeschichtlichen Geistesgeschichte. Bonner Jahrbücher, S. 1–32, Bonn 1975.
PFAFFINGER, Maria / PLEYER, Robert: Rekonstruktion eines linienbandkeramischen Backofens. Experimentelle Archäologie in Deutschland. Archäologische Mitteilungen aus Nordwestdeutsch-land/ Beiheft, S. 122–125, Oldenburg 1990.
PREUSCHOFT, Holger: Zur Anthropologie der Bandkeramiker aus Butzbach in Hessen. Fundberichte aus Hessen, S. 85–96, Bonn 1962.
PROBST, Ernst: Deutschland in der Steinzeit, München 1991
PROBST, Ernst: Tonfiguren statt Menschenopfer. Bild der Wissenschaft, S. 15, Stuttgart, August 1989.
PROBST, Ernst: Rekorde der Urmenschen. Erfindungen, Kunst und Religion, München 1992
QUITTA, Hans: Zur Frage der ältesten Bandkeramik in Mitteleuropa, Prähistorsche Zeitschrift, S. 1–153, Berlin 1960.
REDLICH, Barbara, Klara: Bandkeramische Siedlungen bei Köln. Germania, S. 69–82, Berlin 1940.
RÖTTING, Hartmut: Das alt- und mittelneolithische Gräberfeld von Wittmar, Ldkr. Wolfenbüttel. Eine Übersicht zu den Grabungsergebnissen. Frühe Bauernkulturen in Niedersachsen, S. 135–157, Oldenburg 1983.
Rüger, Christoph B.: Waldemar Haberey †, 11.4.1985. Das Rheinische Landesmuseum Bonn, S. 48, Bonn 1985.
SANGMEISTER, Edward: Die ersten Bauern. Aus: MÜLLER-BECK, Hansjürgen: Urgeschichte in Baden-

Württemberg, S. 429–479, Stuttgart 1983.
SCHAEFER, Ulrich: Menschliche Skelettfunde aus dem Neolithikum im Gebiet der Länder Schleswig-Holstein, Niedersachsen, Nordrhein-Westfalen und Hessen (BRD). Fundamenta, Reihe B, S. 66–92, Köln 1978.
SCHWARZ-MACKENSEN, Gesine / SCHNEIDER, Werner: Fernbeziehungen im Frühneolithikum – Rohstoffversorgung am Beispiel des Aktinolith-Hornblendeschiefers. Frühe Bauernkulturen in Niedersachsen, S. 166–176, Oldenburg 1983.
SCHWARZ-MACKENSEN, Gesine: Die frühbandkeramische Siedlung bei Eitzum, Landkreis Wolfenbüttel. Veröffentlichungen des Braunschweigischen Landesmuseums, Braunschweig 1985.
SCHWIDETZKY, Ilse: Neolithische und frühbonzezeitliche Menschenfunde aus der DDR, Fundamenta, Reihe B, S. 93–119, Köln 1978.
STEGUWEIT, Leif / STÄUBLE, Harald: Mann aus Ton. Ein 7000 Jahre altes Fruchtbarkeitssymbol? Aus: Archäologie in Deutschland, Band 6, S. 7, Stuttgart 2003
TEICHERT, Manfred: Größenveränderungen der Schweine vom Neolithikum bis zum Mittelalter. Archiv für Tierzucht, S. 229–240, Berlin 1970.
TORKE, Wolfgang: Urgeschichtliche Umwelt und Fischwaid am Beispiel der bandkeramischen Fundstelle Singen „Scharmenseewadel“. Archäologische Nachrichten aus Baden, S.18–19, Freiburg 1987.
UERPMANN, Hans-Peter: Betrachtungen zur Wirtschaftsform neolithischer Gruppen in Südwestdeutschland. Fundberichte aus Baden-Württemberg, S. 144–161, Stuttgart 1977.

WAHL, Joachim: Ein neolithisches Massengrab bei Talheim, Landkreis Heilbronn. Archäologische Ausgrabungen in Baden-Württemberg 1984, S. 30–32, Stuttgart 1985.
WAMSER, Ludwig: Eine gefäßhaltende Idolfigur der frühen Linearbandkeramik aus Mainfranken. Jahresbericht der Bayrischen Bodendenkmalpflege, S. 26–36, München 1980.
Werner, Joachim: Otto Kunkel 14.7.1885–18.2.1984. Bayrische Vorgeschichtsblätter, S. 1–7, München 1985.
WILLERDING, Ulrich: Zum ältesten Ackerbau in Niedersachsen. Frühe Bauernkulturen in Niedersachsen, S. 221–227, Oldenburg 1983.
ZEEB-LANZ, Andrea: DFG-Projekt „Siedlung und Grubenanlage Herxheim b. Landau“
http://www.projekt-herxheim.de/index.htm
ZIEGLER, Reinhard: Neolithische Tierreste aus Straubing-Lerchenhaid (Niederbayern). Bericht der Bayrischen Bodendenkmalpflege, S. 7–32, München 1985/86.

Bildquellen

Willow / CC-BY-SA3.0: 1 (via Wikimedia Commons), lizensiert unter CreativeCommons-Lizenz by-sa-3.0-de, http://creativecommons.org/licenses/by-sa/3.0/legalcode

Fotoarchiv des Bereichs für Ur- und Frühgeschichte der FSU Jena: 6 (via Wikimedia Commons), Lizenz: gemeinfrei (Public domain)

Städtisches Museum Heilbronn: 8 (via Wikimedia Commons), Lizenz: gemeinfrei (Public domain)

Reproduktionen von Ölgemälden des Kunstmalers Fritz Wendler (1941–1995) für das Buch „Deutschland in der Steinzeit“ (1991) von Ernst Probst: 10, 38, 39

Reproduktionen von Zeichnungen des Kunstmalers Fritz Wendler (1941–1995) für das Buch „Deutschland in der Steinzeit“ (1991) von Ernst Probst: 13, 14, 23

Dr. Alfred Czarnetzki, Tübingen: 18

MoatlNdb / CC-BY3.0: 25 (via Wikimedia Commons), lizensiert unter CreativeCommons-Lizenz by-3.0-de, http://creativecommons.org/licenses/by-sa/3.0/legalcode

Ziko / CC-BY-SA3.0: 26 (via Wikimedia Commons), lizensiert unter CreativeCommons-Lizenz by-sa-3.0-de, http://creativecommons.org/licenses/by-sa/3.0/legalcode

Bullenwächter / CC-BY-SA3.0: 27 (via Wikimedia Commons), lizensiert unter CreativeCommons-Lizenz by-sa-3.0-de, http://creativecommons.org/licenses/by-sa/3.0/legalcode

Einsamer Schütze / CC-BY-SA3.0: 33, 54, 55, 56, 60, 61 oben, 61 unten (via Wikimedia Commons), lizensiert unter CreativeCommons-Lizenz by-sa-3.0-nl, http://creativecommons.org/licenses/by-sa/3.0/legalcode

Kurt Stueber / www.biolib.de / CC-BY-SA3.0: 40 (via Wikimedia Commons), lizensiert unter CreativeCommons-Lizenz by-sa-3.0-de,
http://creativecommons.org/licenses/by-sa/3.0/legalcode

Wolfgang Sauber / CC-BY-SA3.0: 46 (via Wikimedia Commons), lizensiert unter CreativeCommons-Lizenz by-sa-3.0-nl, http://creativecommons.org/licenses/by-sa/3.0/legalcode

Mark A. Wilson (Department of Geology, The College of Wooster), http://www3.wooster.edu/geology/MWilson.html: 47 (via Wikimedia Commons), Lizenz: gemeinfrei (Public domain)

Marc Heiko Ulrich, Hassel (Weser), Kunstzeichner.de: 50, 51

Johannes Otto Först, Biologe und Hobbyhistoriker, Bamberg / www.bamberga.de: 70 (via Wikimedia Commons), lizensiert unter CreativeCommons-Lizenz by-sa-3.0-de, http://creativecommons.org/licenses/by-sa/3.0/legalcode

Armin Kübelbeeck / CC-BY-SA3.0: 77 (via Wikimedia Commons), lizensiert unter CreativeCommons-Lizenz by-sa-3.0-de, http://creativecommons.org/licenses/by-sa/3.0/legalcode

Klaus Benz, Fotograf, Mainz-Laubenheim: 98

Autor Ernst Probst

Der Autor

Ernst Probst, geboren am 20. Januar 1946 in Neunburg vorm Wald im bayerischen Regierungsbezirk Oberpfalz, ist Journalist und Wissenschaftsautor. Er arbeitete von 1968 bis 1971 als Redakteur bei den „Nürnberger Nachrichten“, von 1971 bis 1973 in der Zentralredaktion des „Ring Nordbayerischer Tageszeitungen“ in Bayreuth und von 1973 bis 2001 bei der „Allgemeinen Zeitung“, Mainz. In seiner Freizeit schrieb er Artikel für die „Frankfurter Allgemeine Zeitung“, „Süddeutsche Zeitung“, „Die Welt“, „Frankfurter Rundschau“, „Neue Zürcher Zeitung“, „Tages-Anzeiger“, Zürich, „Salzburger Nachrichten“, „Die Zeit“, „Rheinischer Merkur“, „Deutsches Allgemeines Sonntagsblatt“, „bild der wissenschaft“, „kosmos“, „Deutsche Presse-Agentur“ (dpa), „Associated Press“ (AP) und den „Deutschen Forschungsdienst“ (df). Aus seiner Feder stammen die Bücher „Deutschland in der Urzeit“ (1986), „Deutschland in der Steinzeit“ (1991), „Rekorde der Urzeit“ (1992), „Dinosaurier in Deutschland“ (1993 zusammen mit Raymund Windolf) und „Deutschland in der Bronzezeit“ (1996). Von 2001 bis 2006 betätigte sich Ernst Probst als Buchverleger sowie zeitweise als internationaler Fossilienhändler und Antiquitätenhändler. Insgesamt veröffentlichte er mehr als 200 Bücher, Taschenbücher, Broschüren und E-Books.

Bücher von Ernst Probst

Affenmenschen
Von Bigfoot bis zum Yeti

Annie Oakley
Die Meisterschützin des Wilden Westens

Archaeopteryx. Die Urvogel aus Bayern

Christl-Marie Schultes. Die erste Fliegerin in Bayern
(zusammen mit Theo Lederer)

Cortés und Malinche. Der spanische Eroberer
und seine indianische Geliebte

Das Dinotherium-Museum Eppelsheim
Führer durch die Ausstellung
(zusammen mit Dr. Jens Lorenz Franzen
und Heiner Roos)

Der Europäische Jaguar

Der Mosbacher Löwe
Die riesige Raubkatze aus Wiesbaden

Der Rhein-Elefant
Das Schreckenstier von Eppelsheim

Der Schwarze Peter
Ein Räuber im Hunsrück und Odenwald

Der Ur-Rhein
Rheinhessen vor zehn Millionen Jahren

Deutschland im Eiszeitalter

Die Dolchzahnkatze *Megantereon*

Die Bronzezeit

Die Aunjetitzer Kultur in Deutschland

Die Straubinger Kultur in Deutschland

Die Adlerberg-Kultur

Die nordische Bronzezeit in Deutschland

Die Hügelgräber-Kultur in Deutschland

Die Lüneburger Gruppe in der Bronzezeit

Die Stader Gruppe in der Bronzezeit

Die Urnenfelder-Kultur in Deutschland

Die Lausitzer Kultur in Deutschland

Die Dolchzahnkatze *Smilodon*

Die Säbelzahnkatze *Machairodus*

Die Säbelzahnkatze *Homotherium*

Dinosaurier in Deutschland. Vom *Efraasia*
bis zu *Sellosaurus*

Dinosaurier von A bis K. Von *Abelisaurus*
bis zu *Kritosaurus*

Dinosaurier von L bis Z. Von *Labocania*
bis zu *Zupaysaurus*

Eiszeitliche Geparde in Deutschland

Eiszeitliche Leoparden in Deutschland

Frauen im Weltall

Höhlenlöwen. Raubkatzen im Eiszeitalter

Johann Jakob Kaup
Der große Naturforscher aus Darmstadt

Julchen Blasius. Die Räuberbraut des Schinderhannes

Königinnen der Lüfte in Deutschland

Königinnen der Lüfte in Europa

Königinnen der Lüfte in Amerika

Königinnen der Lüfte von A bis Z

Königinnen des Films 1

Königinnen des Films 2

Königinnen des Films in Italien

Königinnen des Tanzes

Könginnen des Theaters

Malende Superfrauen

Meine Worte sind wie die Sterne
Die Entstehung der Rede des Häuptlings Seattle
(zusammen mit Sonja Probst)

Monstern auf der Spur
Wie die Sagen über Drachen, Riesen
und Einhörner entstanden

Pompadour und Dubarry. Die Mätressen
von Louis XV.

Raub-Dinosaurier von A bis Z.
Mit Zeichnungen von Dmitry Bogdanav
und Nobu Tamura

Rekorde der Urmenschen
Erfindungen, Kunst und Religion

Rekorde der Urzeit
Landschaften, Pflanzen und Tiere

Säbelzahnkatzen. Von *Machairodus*
bis zu *Smilodon*

Säbelzahntiger am Ur-Rhein. *Machairodus*
und *Paramachairodus*

Seeungeheuer
Von Nessie bis zum Zuiyo-maru-Monster

Superfrauen aus dem Wilden Westen

Superfrauen 1 – Geschichte

Superfrauen 2 – Religion

Superfrauen 3 – Politik

Superfrauen 4 – Wirtschaft und Verkehr

Superfrauen 5 – Wissenschaft

Superfrauen 6 – Medizin

Superfrauen 7 – Film und Theater

Superfrauen 8 – Literatur

Superfrauen 9 – Malerei und Fotografie

Superfrauen 10 – Musik und Tanz

Superfrauen 11 – Feminismus und Familie

Superfrauen 12 – Sport

Superfrauen 13 – Mode und Kosmetik

Superfrauen 14 – Medien und Astrologie

Sturzflüge für Deutschland. Kurzporträt der Testpilotin Melitta Schenk Gräfin von Stauffenberg (zusammen mit Heiko Peter Melle)

Tony und Bruno Werntgen. Zwei Leben für die Luftfahrt (zusammen mit Paul Wirtz)

Zenobia von Palmyra. Eine Frau kämpft gegen die Römer

Bestellungen bei: http://www.grin.com